自衛隊の存在をどう受けとめるか

元陸上自衛官の思いから憲法を考える

編著　末延隆成・元陸上自衛官
飯島滋明・名古屋学院大学教授
清末愛砂・室蘭工業大学大学院准教授

現代人文社

自衛隊の存在をどう受けとめるか

元陸上自衛官の思いから憲法を考える

末延隆成・飯島滋明・清末愛砂◎編著

第2部 自衛隊の存在から憲法改正を考える

◎はじめに

２０１８年9月20日、自民党総裁選で安倍首相は３選を果たしました。２０１７年５月３日以降、安倍首相は憲法９条に自衛隊を明記する憲法改正にとりくむことを繰り返し主張してきました。自民党総裁選で３選を果たした直後の記者会見、10月14日の「自衛隊記念日閲覧式」、そして10月24日の所信表明演説でも、安倍首相は憲法９条の改正に意欲を示しました。単に発言だけではありません。自民党総裁選直後、安倍首相は自民党役員人事では側近の加藤勝信氏を総務会長、下村博文氏を憲法改正推進本部長に起用、衆議院の憲法審査会の筆頭幹事を中谷元氏から新藤義孝氏に変えるなど、「憲法改正」にむけての「人事体制」に着手しています。さらに２０１８年10月26日、下村博文自民党憲法改正推進本部長は、２８９ある衆議院の小選挙区支部に「憲法改正推進本部」を設置する方向性を打ち出しました。各選挙区に「憲法改正推進本部」を設置する目的は、改憲実現に向けて国民運動を展開し、世論の機運を高めることにあります。

安倍首相は自衛隊を憲法に明記する憲法改正について、「今の自衛隊を憲法に明記するだけ」と発言しています。しかし自衛隊を憲法に明記する憲法改正が実現すれば「今の自衛隊」、つまり「安保法制」で世界中での武力行使が任務とされた自衛隊を憲法的に認めることになります。「安保法制」成立の前後、世界中での自衛隊の武力行使を認めるこの法制に多くの市民が反対してきました。憲法研究者の圧倒的多数が「安保法制」を憲法違反と指摘し、フランスの新聞『ル・モンド』(Le Monde, 20-21, septembre, 2015) でも、3分の2の国民が反対し、75人の元裁判官が「安保法制」を憲法違反と表明したことが紹介されています。

2016年4月26日、安保法制は憲法違反との訴訟が東京で提起され、2018年8月2日にはノーベル物理学賞を受賞された益川敏英先生も原告となった、安保法制違憲訴訟が名古屋地裁に提訴されるなど、北は釧路から南は沖縄まで、全国各地で安保法制違憲訴訟が提起されています(2018年9月段階で原告7516人、全国22か所で裁判)。

繰り返しになりますが、憲法改正は以上のような「安保法制」、つまりは「世界中での武力行使」を自衛隊の任務として憲法的にも認めることになります。しかしその重大性が必ずしも広く知られていないのが日本の現状です。その重大性が広く市民に知られていないのは、伊藤真弁護士が本書118頁で「安全保障問題を議論するときにいつも最大の利害関係人である自衛官の思いが置き去りにされている気がしてならない」と指摘しているように、実際に世界中で戦うことが任務とされる「自衛官」の声が広く知られていないことにも一因があると思われます。

＊

最近では「残業代ゼロ法」「過労死促進法」と批判されている「働き方改革法」を安倍自公政権が成立させた際（2018年6月）、過労死で家族を亡くした遺族たちは「過労死防止と矛盾する」「憤りを感じる」と批判していますが、安保法制が審議されているときも、実際に戦場に送られる自衛官の声がほとんど法案審議に反映されていないことを問題だと考えた清末愛砂氏（室蘭工業大学大学院准教授）と私は、現役自衛官や元自衛官などへの聞き取りを行い、『安保法制を語る　自衛隊員・NGOからの発言』（現代人文社、2016年）で、（元）自衛官の発言の一部を公表しました。（元）自衛官たちの発言は安保法制の問題を考えるうえで極めて重要なものでしたが、その中で末延隆成さんから、たとえば保安警務隊に所属していた時代の「捕虜」の扱い方、「東日本大震災」に派遣された自衛隊の行動、イラクに派兵された自衛隊の隊長の話など、驚愕の事実をいくつも聞きました。ある集会で末延さんが保安警務隊での「捕虜」の扱いの話をしたとき、会場の雰囲気が一変したのを私は目の当たりにしたこともありました。私が末延さんから聞いた話を講演などで紹介すると、「今日の自衛官の発言が本に掲載されているのであれば購入したい」との意見を聞くことも少なからずありました。私だけではなく、清末さんも同じような要望を受けてきたとのことでした。また、末延さんの主張は、安倍自公政権の主張が現実離れした机上の空論に過ぎないこと、安倍自公政権の対応が自衛官の生命やその家族たちに対して無責任であることを、自衛隊での訓練の実態や教本などに基づいて糾弾するものでした。そうした末延さんの発言の説得力と影響力は大きく、テレビや新聞、週刊誌などでも頻繁に取り上げられました。講演の際に清末さんや私に寄せられた要望、あるいはテレビや新聞、週刊誌などで頻繁に紹介された、元陸上自衛官の末延隆成さんの発言をまとめることは極めて重要な意義があると考えた上で、末延さんの発言やその意義などを紹介したのが本書です。

＊

まず第1部では、元陸上自衛官の末延隆成さんの証言を紹介します。末延さんが陸上自衛隊で体験し、本書で紹介した事実には驚愕すべき事実があります。「自衛隊の海外派兵」の問題を考える際、「自衛隊はどのような組織なのか」を正確に知る必要があります。末延さんの証言は、「自衛隊の現実」を知るためには極めて重要な証言となっています。そして、自衛隊での経験に基づいて「安保法制」や安倍自民党が主導する「憲法改正」に反対しています。そうした批判にも、自衛隊の現状を知る元自衛官としての鋭さが見受けられます。

第2部以下では、末延さんの発言を踏まえた論考を用意しました。末延さんの発言に関わる解題（飯島担当）、現実の戦場体験を踏まえた上での末延さんの発言の意義（清末担当）、末延さんの発言が「安保法制」「憲法改正」反対運動や安保法制違憲訴訟に及ぼした影響などについて紹介します（飯島担当）。さらに末延さんの発言を踏まえ、清末さんと私の対談、国会議員時代から自衛官の人権問題に精力的に取り組んできた、今川正美氏の論文も掲載しました。自衛隊内でのさまざまな「いじめ」などの実例や、海外に派兵される自衛官やその家族の苦悩を紹介する今川氏の論文は、末延さんが自衛隊内で受けてきた人権侵害や、「専守防衛」は認めても海外派兵は認めないという末延さんの立場が決して自衛隊内で特殊でないことを証明することにもなる論文です。

世界中での自衛隊の武力行使を可能にする「安保法制」や「憲法改正」、私たちの子どもや孫の世代にも極めて重要な影響を及ぼします。末延さんの発言を通じて「自衛隊」の実情の一端を知ることは、今後も日本の政治で重大な問題になる「安保法制」や「憲法改正」について判断する際には極めて有益だと思われます。本書で紹介されている末延さんの発言などを通じて、「戦争できる国づくり」をすすめてきた安倍自公政権のあり方、「安保法制」や「憲法改正」の問題について考えていただければ幸いです。

2018年11月3日
日本国憲法が公布されてから72年目の日に

飯島　滋明

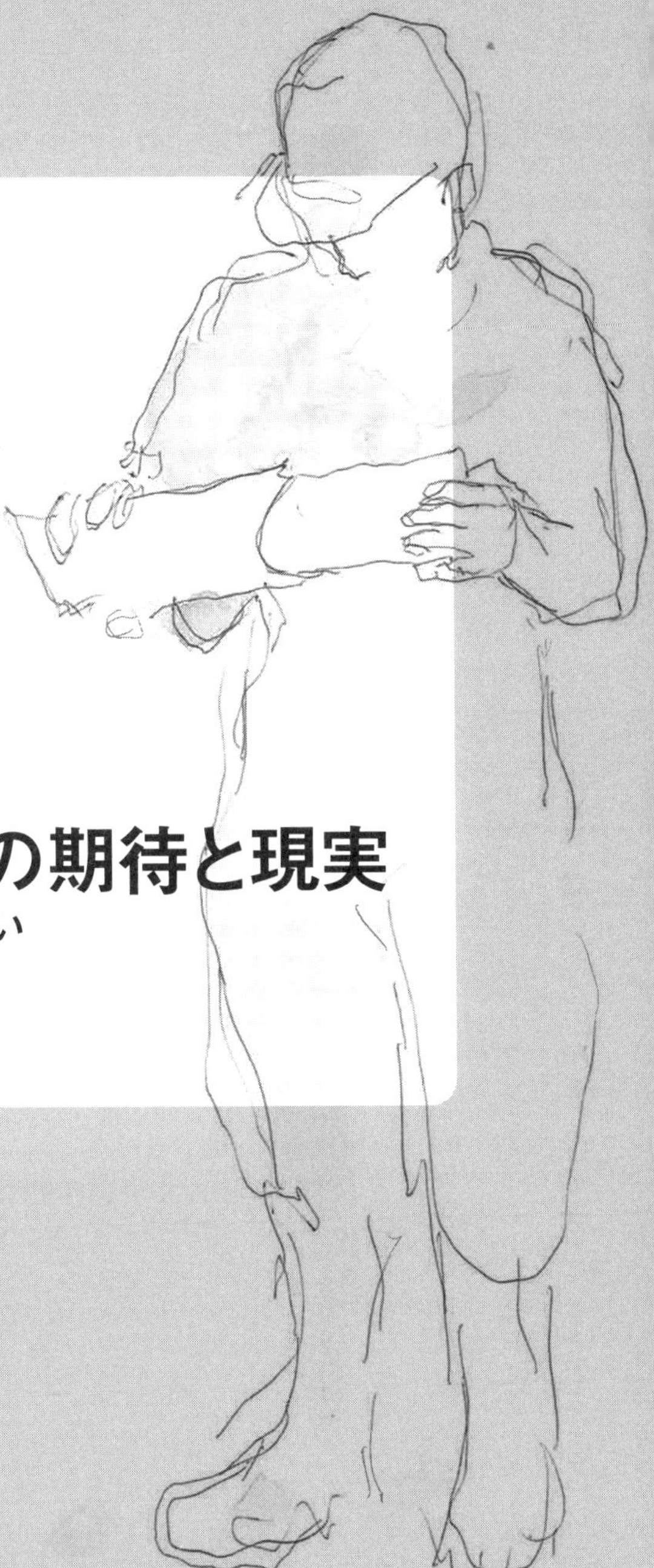

第1部
自衛隊への期待と現実
元陸上自衛官の思い

………末延隆成

末延隆成さんの自衛隊での経歴と退官後の活動一覧

1962年	茨城県ひたちなか市生まれ
1980年	高校卒業とともに陸上自衛隊に入隊（18歳）。市ヶ谷駐屯地32普通科連隊所属（東京都）
1984年-	富士駐屯地（静岡県）の特科教導隊への所属を最後に1984年3月に退官。退官後の一年間は自衛隊斡旋の害虫駆除の仕事に従事し、その後の一年間は無職で過ごす。
1986年-	1月に陸上自衛隊に再入隊。武山駐屯地（神奈川県）で教育（3か月）を受ける。駒門駐屯地（静岡県）に移動し、機甲科に所属。戦車乗りになる訓練を受ける（3か月）。相馬原駐屯地（群馬県）に移動し、第12師団（現在の第12旅団）第12戦車大隊に所属。その途中で同師団の保安警務隊にスカウトされる（相馬原駐屯地内）。保安警務隊員を務める。
1992年-	鹿追駐屯地（北海道）に移動し、第5旅団第5戦車大隊に所属
2015年	1月に退官（最後の肩書は二等陸曹／第5旅団第5戦車大隊弾薬補給陸曹）。7月に「わたしたちは戦わない！大集会＆パレード in 北海道」（札幌弁護士会主催）で元自衛官として安保法制反対のスピーチを行う。それ以後、安保法制反対の抗議行動や集会に元自衛官としてスピーチなどを行ってきたことから、メディア関係者や平和運動関係者にその名が知られるようになる。
2016年	秋以降、帯広駐屯地前で自衛隊の南スーダンからの撤退を求める訴えを開始
2018年	4月に安保法制違憲道東訴訟の原告になり、同原告団共同代表も務める。

作成：清末愛砂

第1章
元陸上自衛官からみた自衛隊の現実

1　遺書を書かされる「自衛官」

これから、自衛隊の勤務体験から自衛隊の現実について私が感じたことをお話ししたいと思います。北海道の鹿追駐屯地で、戦車大隊に所属していたときに、私にとって、自衛隊の勤務のなかでも衝撃的な出来事がありましたので、このことからはじめたいと思います。

２０１０年から２０１２年にかけて、陸上自衛隊北部方面隊の隊員たちは「遺書」とも受け取れる「家族への手紙」を書くように指示されました。

当時、南スーダンへのＰＫＯ（国連平和維持活動）として派遣する計画がありましたが、

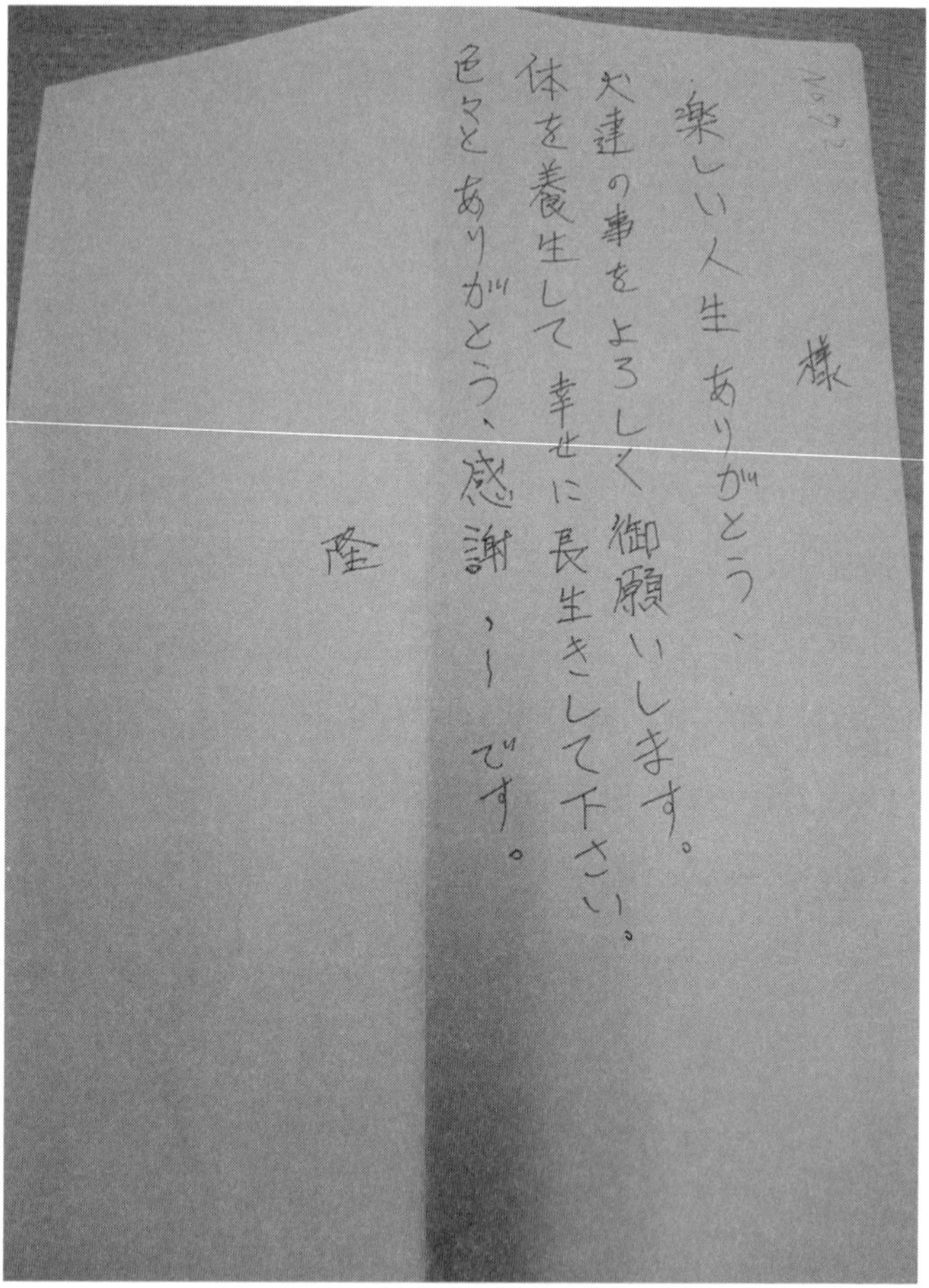

自衛隊内で書かされた遺書（2016 年 1 月 25 日、清末愛砂撮影）

「ニェット」（駄目だ）、「ダスビダーニャ」（さようなら）など、自衛隊の任務で使えそうな単語を覚えています。

⑵「尋問」という名の拷問

保安警務隊では捕虜を「尋問」という名目の拷問で情報を得る訓練もさせられました。旧日本軍の水責めやそれを応用した油責め、野外電話機の発電機を使った電気尋問、ノコギリなどの工具を人体に使った尋問などです。自衛隊は体育会のノリで訓練をしていました。たとえば自衛隊では90ボルトに熱した電話線を実際に使って拷問をします。「これくらいだと口を割らないのでは？」となると、「じゃあ、これはどうだ」としてたばこを押し付けます。実は釧路地方裁判所に提訴された安保法制違憲訴訟で意見陳述したとき、タバコを押し付けるやり方を説明し、実際に訓練のなかでたばこを押し付けられた痕を見せようとしたら、「半ケツ」になってしまいました（笑）。

ソ連兵を捕虜にした場合、ムスリム（イスラーム教徒）の中央アジア出身者がそのなかに含まれることも考えられます。それなのに食事として、ムスリムが食べない豚を与えるようなことも平気で想定していました。これはムスリムには拷問的な取扱いにあたります。

地面に穴を掘ってそこに捕虜を入れ、首の周りに土手を作って水を入れる方法なども教えられました。水を入れられたらとても苦しいのです。また、捕虜の首から下を穴のなかに埋め、頭部だけを地面の上に出す「人参」という名の拷問があることも知りました。なぜ人参というのかというと、頭部が野菜の人参の葉の部分に、また埋められた身体が実の部分に似ているからです。「人参」という表現だと「人」という字を使うため、語呂もいいからでしょうか。

(3) 簡易捕虜収容所設営も学んだ

簡易捕虜収容所の設営方法も学びました。捕虜に円匙（エンピ、旧日本軍以来の自衛隊用語、剣先スコップのこと）を持たせ、いつでも撃てるように後ろから監視しながら深い穴を掘らせます。そのとき、捕虜にかける言葉は「ダワイ」（急げ）です。穴が完成したら、捕虜を穴に落として監視します。保安要員2名で対角線上に監視すれば、いくら大勢の捕虜がいても監視は容易です。

捕虜が逃走を図れば土手の上から7・62ミリ自動小銃で狙い撃ちにするか、面倒であれば手榴弾を投げ込みます。あとは土手を崩して「ダスビダーニャ」（さようなら）です。

⑷　自衛隊で、旧日本軍の経験などが受け継がれている

自衛隊には南京事件に参加した元日本兵がおり、これらの人々が自分の上司にあたる世代に旧日本軍の捕虜の取扱いの「ノウハウ」を教えていました。それが自分のような若い世代にも伝えられていました。なお、自衛隊内では訓練計画があり、それは正式な記録として残されます。しかし、旧日本軍のノウハウは記録に残す必要がない非正規の教育、すなわち秘密裏に教える教育として教えられます。自衛隊ではしたことはありませんが、戦中は、捕まえた女性の足をもって振り回したということを聞いたことがあります。

自衛隊は戦後にできた組織ですが、実質的にその中身は軍隊であり、捕虜の殺し方も拷問の方法も旧日本陸軍のやり方を引き継いでいます。捕虜から情報を引き出す法的な根拠は、「方面総監部、師団司令部、旅団司令部及び中央即応集団司令部組織規則」の37条1号で「防衛及び警備の実施に関する情報見積り及び情報計画に関すること」とされている規定です。

5 自衛隊に異を唱える国民を敵視する教育

(1) 治安出動した自衛隊がデモ隊を鎮圧

若かった頃の私が自衛隊で教えられたことは、自衛隊に異を唱え反対する国民を敵視するということでした。同じ国民でも敵対する国民（左側の人＝敵）、例えば基地建設に反対する沖縄の人々は目の上のたんコブであり、自衛隊により武力で弾圧される可能性があります。政府に反対する多数のデモが発生した場合など、治安出動した自衛隊がデモ隊を鎮圧するようなことが考えられるということです。

機動隊は放水や催涙弾を使いますが、自衛隊では黄燐弾を使います。使い方は戦車の砲塔左右に3基ずつ計6基装備されている60ミリ発煙弾発射砲から黄燐弾を群衆に撃ち込むというものです。本来これは敵の攻撃、直射火器や対戦車ミサイルに対して煙幕を展張（自衛隊用語で煙覆のこと）して目眩ましを計るための装備ですが、自衛隊は戦い殺し合うことが目的の武装集団ですので、使えるものは何でも有効活用することを考えます。

使い方は次のようになります。通常では戦車の砲塔に固定装備されているのでそのまま発射した場合、砲塔正面前方左右百メートル四方の空中数十メートルの空間で黄燐弾が炸裂してしまいますので、地上にいる群衆に対してはあまり有効な危害を与えることができません。そこで群衆に直接撃ち込むために74式戦車では車体の油圧装置を使い、戦車自体が前傾姿勢になるように姿勢制御をします。姿勢制御装置のない61式戦車では道路の縁石やその辺にある自動車などに乗り上げ前傾姿勢を取り、民衆に黄燐弾が直撃するように撃ち込みます。60ミリ黄燐弾が直撃した場合、炸裂した黄燐剤は人体に付着し、空気に触れ発火、激しい黄燐ガスにより人間の呼吸器に強烈なダメージを与えます。この制圧に耐えられる人はいないでしょう。

これは例の一つですが、私たちは政権与党の自民党寄りの自衛隊上層部から、このようにリベラル派の民衆に対して敵視するように指導されていたのです。また、自衛隊は戦車付きの機関銃でプラスチック製の弾丸を用いて射撃の訓練をしてきましたが、プラスチック製の弾丸を撃つという方法もデモ隊などへの鎮圧手段として利用されるかもしれません。

⑵ 自衛隊という組織の本質

組織の姿勢としてこのようなこともありました。公務中に、将官であったＯＢの確か永野某の自民党議員の立候補推薦のための推薦署名が駐屯地のなかで強要されました。私自身だけでなく親兄弟の名前まで書かされました。抗議した私はそれ以降、昇任や意に反する異動などのさまざまな不利益を被りました。

これを見ても自衛隊という組織の本質が賢明な国民の皆さまには理解できると思います。そしてこれらはほんの氷山の些細な一角に過ぎないのです。

憲法９条により牙を隠し、爪を伏せ、羊の皮を被ってきた自衛隊が安倍政権による改憲により憲法に明文化された場合の日本を想像すると、たとえようのない恐ろしさを感じるのは、自衛隊の本質を知ってしまった私だけではないでしょう。

6　自衛隊と選挙

選挙の際、自衛隊内では「投票に行け。行かないとわかる」と言われていました。選挙前の守礼のときには、かならず選挙公約が書かれている新聞をみせられながら、「これを見たら、誰に投票したらいいかわかるだろう」と、幹部自衛官から言われました。さらに、「投票に行ったら、部隊に連絡しろ」と念を押されました。これはあきらかに脅しです。自衛隊の駐屯地があるところは自民党が強くなります。なぜでしょうか。自衛官の票のほとんどが自民党に流れるからです。だから幹部自衛官は投票に行かせたいのです。

7 保健体育への銃剣道導入の狙い

安倍政権は、中学校の新学習指導要領で銃剣道を保健体育の授業で行うことにしました。政府の言い分では純然なる武道であり強制ではないとしていますが、この銃剣道なるものを行っているのは、その人的構成を見るとほぼ自衛隊およびその関係者といってもよいものです。かつて自衛隊員であった私も、銃剣道の有段者です。師団競技会で勝ち抜いたこともあります。

「道」をつけて「銃剣道」と表現しますが、その本質は銃剣術です。これは戦闘で敵を殺すことを目的とするものです。戦前には軍人が学校に指導教官として派遣され、学生たちは軍事教練の一環として強制的に学ばされていました。また太平洋戦争で敗色が濃くなった頃には女性や老幼者までが銃剣どころか、竹槍を用いた銃剣道の訓練を強要されました。

自衛隊は銃剣道を射撃や持続走と並ぶ三大戦技として重視しています。表向きは体裁を整えるために銃剣術から打撃技と斬撃技を外し、「銃剣道」と称することで、剣道や柔道と同じようなイメージを持たせています。そもそも、柔道や剣道も元々は人を殺すための剣術や柔術の精神性を高めたものですが、銃剣道の場合、その本質は武道にはなく、まぎれもなく殺人技です。教育を通して、年端もいかぬ、アイデンティティも定まっていない未成年者に銃剣道を教えることに、大きな疑問を持たずにはいられません。

旧日本軍は、近接戦闘が戦闘の勝敗を決する要諦と考えていました。旺盛な戦意と気迫を持って敵を圧倒することが重視され、それを通して、銃剣を用いた肉弾戦闘、銃剣術が肝要であるとされていました。自衛隊の新入隊員教育では、小銃射撃と銃剣を使った白兵突撃訓練が必須科目になっています。人を殺すことの精神的負担は、その手段と殺害対象者との物理的な距離に比例しますので、戦闘員としての素養を育てるときにこうした訓練が重視されるのです。

8　女性自衛官の実戦部隊への配備

かつて普通科中隊で使われていた機関銃は10キロぐらいの重みがありました。今では機関銃が軽くなり、5〜6キロ程度になりました。軽いので女性も扱うことができます。女性自衛官は、衛生・通信などの直接戦闘に参加しない部隊に配備されていました。沖縄戦での旧日本軍戦死者の写真をみればわかるように、砲撃されれば服が脱げることがあるからです。また、身体拘束がなされればどのような目に遭うか容易に想像できたからです。ところが2017年4月18日、当時の稲田朋美防衛大臣は女性自衛官の普通科中隊や戦車中隊への実戦部隊への配備を決定しました。女性自衛官にはトイレ用のポンチョが渡されますが、戦車から離れて一人になれば、敵から狙われる危険性が増します。

女性自衛官を戦車中隊に入れなかったのは、風紀上の問題にも関係しています。戦車という密室のなかに女性自衛官が配置されたら、セクハラなどの性暴力が起きる可能性があるからです。実際、自衛隊内部ではセクハラが多発してきました。

＊１「捕虜の待遇に関する１９４９年８月12日のジュネーブ条約」のことです。１９４９年８月12日全会一致で採択・署名、１９５０年10月21日に発効しました。日本では１９５３年４月21日に内閣決定、７月29日に国会承認、10月21日に発効しました。同条約13条１項で「捕虜は、常に人道的に待遇しなければならない」と定められているように、捕虜の殺害・虐待などが禁止されています。ジュネーブ第３条約は防衛省・自衛隊のＨＰでも紹介されています（http://www.mod.go.jp/j/presiding/treaty/geneva/geneva3.html）。

第2章　東日本大震災への災害派遣での出来事

1　被災地まで9日かかったのは「日米軍事訓練」のため

(1)「トモダチ作戦」は日米共同敵前上陸訓練

東日本大震災での災害・復興援助として、「トモダチ作戦」は有名です。大震災があった2011年3月11日、私は第5旅団第5戦車大隊に所属していました。翌12日には被災地に向けて北海道・苫小牧港を出港できる状態にありました。それなのにあろうことか、この機会を使って日米共同敵前上陸訓練が実施されたのです。出港可能な状態であったにもかかわらず、私たちは米海軍第7艦隊のドック型揚陸艦「トーチュガ」が来るまで出港しませんでした（3月15日）。それだけでなく、苫小牧、大湊

東日本大震災時に苫小牧港の向かう途中の筆者（筆者提供）

（青森県）でも洋上で訓練を行いました。

もう少し具体的にいえば、次のような形でした。苫小牧港でトーチュガに大型トラックを搬入する際、港から数キロ沖合に移動したトーチュガに米軍の汎用揚陸艇を用いて搬入しました。海上自衛隊の大湊基地に陸揚げする際も、トーチュガは数キロ離れた沖合に停泊し、そこから海上自衛隊の揚陸艇にトラックを搬入しました。米兵の一人から「なぜこんな忙しいときに、こんなことをしているんだ。クレイジーじゃないのか」と言われました。こういうことをしていたために、石巻に着いたのが3月20日になったのです。つまり、「人命救助」部隊であるはずなのに米軍と軍事訓練をし

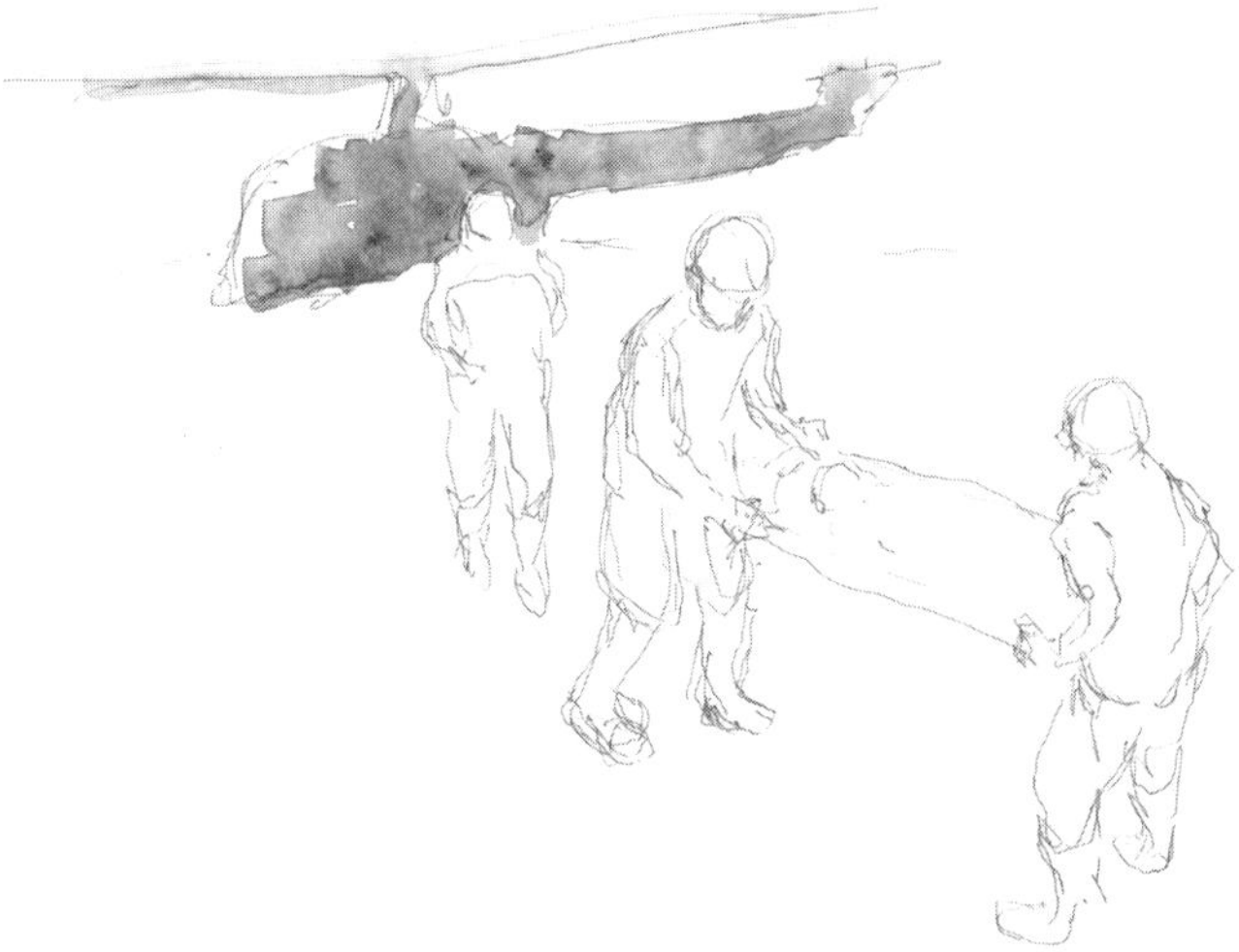

ていたために、到着までに9日間を要することになってしまったのです。苫小牧港や函館港から民間フェリーを活用すれば約1日で被災地に行くことができ、被災者の救援にあたることができたはずです。

上級幹部は「日米共同の検証訓練」と発言していました。こうした対応は、陸からの攻撃を回避するための沖合での陸揚げ訓練を意味するものであり、実際の戦場を想定したものです。被災地には、直前までは生存していたと思われる遺体もありました。もっと早く到着していれば助けることができたのにと、とても悔しい思いをしました。トモダチ作戦は、災害援助に名を借りた軍事訓練です。

(2) 被災地での「幹部自衛官」

東日本大震災の際、幹部はたまに現場に来るだけで、なかには現場に行かない人もいました。下っ端の自衛官は役目以上のことをやりました。幹部はたいがい駐屯地内の宿舎（外来の幹部用の宿舎のこと）に滞在し、下っ端の自衛官はテントのなかで缶詰ばかり食べていました。

2 災害派遣とその後の体調

上述のように、私は東日本大震災の際にトモダチ作戦を実施した米軍のトーチュガに乗艦し、被災地に向かいました。この任務のなかで被曝した可能性があり、呼吸器に重大な疾患を発症してしまいました。そして、最終的には医者から余命数年と宣告されるほど体調が悪化しました。同じくトモダチ作戦に参加した米第7艦隊の兵士の間でも私と同じく重大な健康疾患が多発しており、それらの兵士は東京電力を相手に米国連邦地裁で訴訟を提訴しています。

私もその任務に参加した後に体調に異変を覚えたため、上官に治療を受けさせてほしいと依頼しました。しかし、治療を受けさせてもらえず、体調がさらに悪化しました。適切な治療を受けさせてもらえなかったことも私の症状悪化の原因の一つだと考えています。

3 「治療」を受けさせない自衛隊

2011年5月、演習場に10日ほど拘束される形の任務に就く機会がありました。そのとき、私は初日に体調不良で倒れてしまい、深夜に救急車で部外病院に搬送されました。そこで応急処置を受けた後に再び演習場に連れ戻され、翌日から同じ任務に就くことになりました。体調不良のため、中隊長に部外専門病院での受診を要望したのですが、「お前の交代はいない」と言われ、「体調と相談して頑張れ」と命令されました。そのため、残りの9日間で3回も倒れるはめになりました。私は再三、治療要請をしましたが、結局、治療を受ける機会を与えられませんでした。

さらには、その演習場での任務が終わり、交代要員の必要がなくなった後も、正当な理由なくして、治療を受けさせてもらえなかったのです。5月18日にようやく代休を取り、専門医師に受診ができましたが、そこで間質性肺炎との診断を受けました。私は上官にその旨を伝えましたが、翌日は終夜勤務で交代無しの長距離戦車輸送の操縦を命じられました。

このように、自衛隊とは国民の命を守る隊員を虫ケラのように使い捨てにする組織です。こうした措置は、自衛官の健康を管理し、体調不良があった場合には治療を行うことを命じている陸上自衛隊服務規則第71条、陸上自衛隊服務細則156条、同158条2項、同164条に反します。

また、陸上自衛隊車両運行等に関する達《たっし》7条（1）、同8条に明らかに反するものです。同7条（1）は、操縦者は心身の状態が健康な状態にある者であることを求めています。また、同8条は中隊長などからの交代命令または負傷若しくは疾病などを除き他の者に操縦させてはならないこととしています。これらの条文を合わせて考えれば、自衛隊は体調が悪い私を連続運転させたということになります。これは人権侵害にほかならないと思います。

4　熊本地震の際の安倍政権の対応

先に紹介した東日本大震災での私の経験からすれば、熊本地震の際の米軍や自衛隊の対応も「災害救助」を名目にした軍事訓練だと感じるところがあります。特にオスプレイを投入したことに対してです。

まず、オスプレイは人命救助に向いていません。被災者をつりあげて、救出することができません。また、事故が起きる可能性があります。風圧で被災者などの人を飛ばす危険性もあります。木があるところに降りることができないなど、小回りもききません。それにもかかわらず、米軍のオスプレイを使って熊本地震に対処したのは軍事訓練の一環だと思います。九州の自衛隊の基地で給油するだけでことが足りる以上、海上自衛隊のヘリコプター搭載護衛艦で洋上給油する必要はありませんでした。熊本地震でも、災害救助を名目にした洋上着艦訓練を実施したのだと思わざるを得ません。2015年9月の鬼怒川の決壊時にはSH60のヘリを使いました。

オスプレイは購入すると一機100億円程度かかりますが、ヘリは一機10億円程度しかかかりません。つまり、オスプレイ一機でSH60を10機くらい買うことができるのです。予算の面からもオスプレイの導入は適切とは思いません。

第3章　私は安保法制に反対です

1　なぜ「安保法制」を許せないか

(1) 民意を無視した安倍政権

安倍首相をはじめとする今の政治家は適正な手続を経ることなく、また国民の意思を確認することもなく、独善で憲法を無視した法律を作り、自衛隊を危険な任務に派兵しようとしています。私が安倍首相に言いたいのは、自衛官も同じ人間だということです。自分の任務・職務に対しては崇高な思いであたっている人がほとんどだと思います。こうした自衛官の思いを踏みにじっているとしか思えません。自衛隊は安倍政権の都合のいい道具ではないし、安倍政権の私兵でもありません。

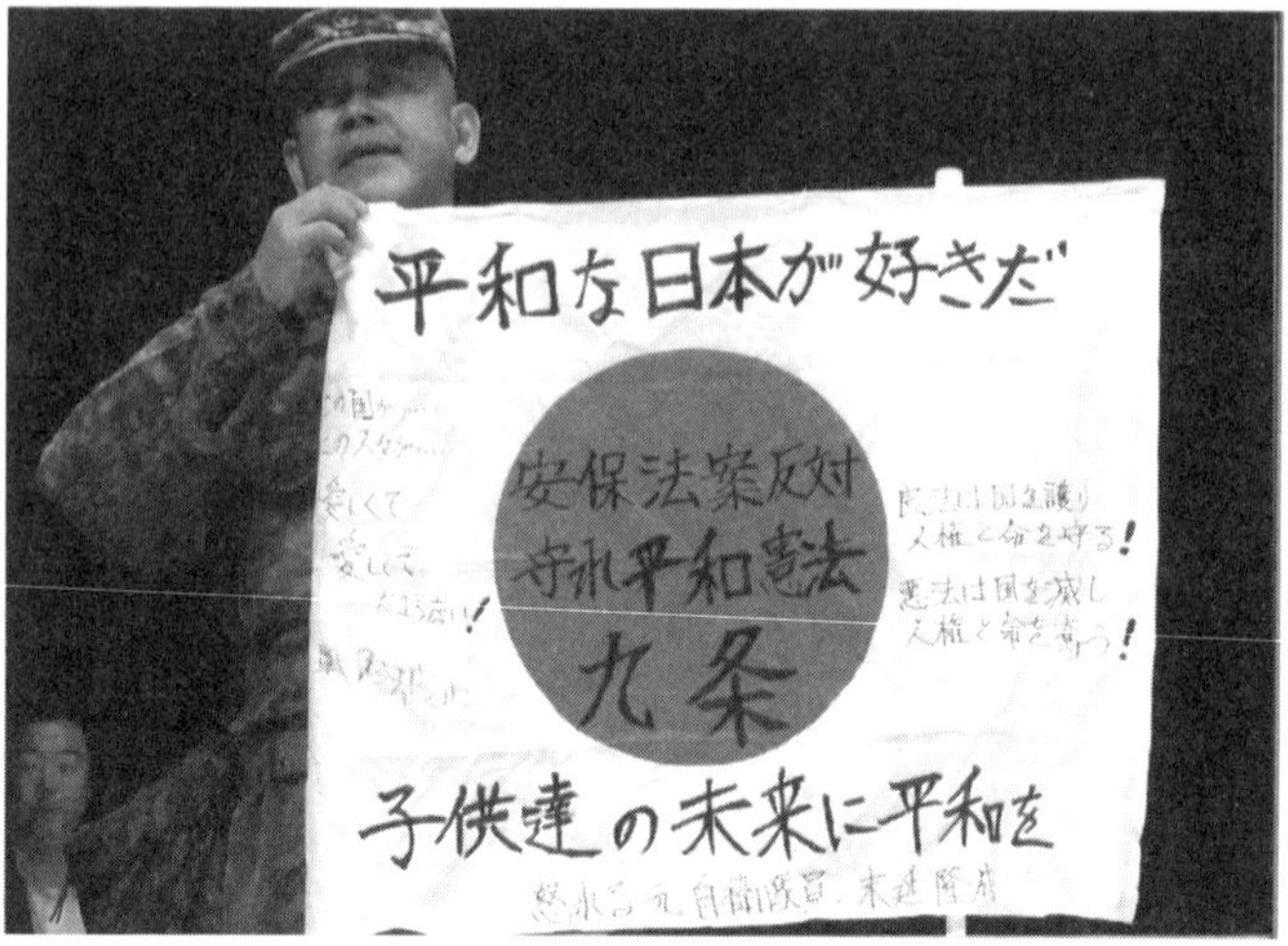

安保法制反対の集会で日の丸をもって話す筆者（２０１５年９月、筆者提供）

日本の平和は、際限ない安保法制の下での集団的自衛権に基づく武力行使によってではなく、憲法９条を核とした平和主義に基づく外交努力によって追求すべきです。それが日本のあるべき姿であり、またそうすることで国際社会に手本を示すことができます。また、日本に対し理不尽な武力侵略がなされたときには、安保法制以前からある周辺事態法と個別的自衛権の行使を用いて対処すればいいのであり、それは国際的に認められている主権国家としての当然の権利の行使です。

　私はいまのこの国の有り様をみながら、安倍政権が民意を無視した形で政策を強行していると感じます。自衛隊に永年身を置き、武力集団の本質を知ってしまった者としては、安保法制やこうした状況を看過できず、敢えて声を挙げざるを得ません。私は安保法制に反対です。

戦争をして利権を得ることで豊かになるのは、特権的階級にいる者だけです。私たち国民はいつの時代にも犠牲者です。四方を海に囲まれ資源もなく、食料自給率さえ極めて低い格差社会の日本がひとたび戦争を始めると、病気により社会的に弱い立場に置かれた私、すなわち戦争継続の意味で優先順位が低くされる私に、病気への対処に必要な特殊な薬が安定して供給されるでしょうか。それを考えるととても不安になります。

⑵　戦場に駆り出される自衛隊

安保法制によって、本来日陰者であるべき自衛隊が戦場という日なたに連れ出され、かつての同僚や私の後輩たちが、人を殺し殺される立場に押しやられようとしています。北朝鮮やイスラーム国（ＩＳ）のようなイスラーム過激派などの捕虜になった場合の自衛官の運命は、ＩＳに拘束された後藤健二さんたちの最期を見ても明らかです。

憲法９条の平和主義から逸脱した日本の政策の下では戦場で自衛官だけが血を流すに

とどまらず、相手側の直接的反撃やテロ攻撃により、国内外で時を選ばず、女性や幼い子どもの無辜の血と涙が流れることになるのは欧米の例をみるまでもなく明らかです。

イラクやアフガニスタンに派遣された米軍内では、「動くものは犬でも子どもでも、何でも撃て」という異常な命令が出されていました。自衛官がこれからそのような状況に直面したときに、明らかに相手が民間人であっても上官に抗命した場合、7年以下の禁固または懲役を科せられることになります。安保法制に基づいて自衛隊が海外に派兵されると、自衛官が自分の生命が大切になり、現地で地元の人々をゲリラとみなして殺害することも考えられます。民間人とゲリラとの区別はできないからです。自衛隊では上官の命令は絶対的なものです。異議申立ての制度はありますが、実際に申し立てると、昇進しにくくなります。人間の良心に従うことが命令違反になり、それは人としての倫理観が変えられることを意味します。

(3) 自衛隊の任務は専守防衛に徹すること

安保法制の現実・中核はまぎれもない殺人行為の容認です。日本のみならず、普遍的倫理観を有する文明社会においては、およそ許されざる犯罪です。

私は自分の人生の過半を自衛隊の任務に捧げてきました。それは専守防衛に徹する自衛隊の任務が、自分の人生をかけるに値する崇高なものだとの想いがあったからです。自衛隊は憲法9条に基づき、日本に降りかかる火の粉を払うのが任務ですが、安保法制でやろうとしているのは外国で火をつけに行くことです。海外で自衛官が人を殺すと、日本が敵とみなされることになり、それがテロを誘発することにもなります。つまり、自衛官を活用することで、日本の安全が脅かされることになるのです。国を守るはずの自衛隊がやった行為が、かえって国民の安全を守らないものになります。

2 「裏切者」との中傷

自衛隊関係者から、私は「裏切者」と中傷されることもあります。

しかし、帯広駐屯地前で安保法制反対の街頭活動を行うと、かつての仲間が目線やうなずきで応援してくれることもありました。安保法制反対のデモには「日の丸」を持参しましたが、日の丸に寄せ書きをしてくれた現役自衛官もいました。上層部からすれば「裏切者」かもしれませんが、私は国民や底辺の自衛官を裏切ってはいません。仲間の自衛官はいいやつばかりでした。彼らに傷ついてほしくないのです。安保法制では、必ず自衛官の血が流れます。安倍政権は自衛官の流す血や家族の涙にどう責任を取るのでしょうか。

3　まやかしの「後方支援」

(1)「後方支援」なら安全なのか

安保法制で問題になっている「後方支援」の危険性についても、実際に兵站業務を担当していた者として言いたいことがあります。

退職する際の私の自衛隊での肩書きは部隊弾薬補給陸曹でした。安倍政権が安保法制の成立を目論んだときに言った「後方支援」に相当する兵站、まさしく戦闘に直接帰結する弾薬や燃料、糧食やその他トイレットペーパーを含めた日用品、整備などに必要な部品を、戦闘継続のために戦闘現場に寸刻も絶やさず補給することが私の業務でした。

現代戦は弾薬、食糧、物資の優劣で勝敗が決まると言っても過言ではありません。戦場では、弾薬や燃料の欠乏は敗北と死につながることを意味します。古今東西の戦史をみても補給力に劣る方が勝った例はあまりありません。先の大戦で米軍の物量戦に敗北した旧日本軍の例を私たち日本人は骨身にしみて知っているはずです。

「後方支援」という言葉に騙されてはいけません。戦場に前方も後方もありません。戦闘中の部隊がその都度後方に下がっていたら、戦線に穴があきます。弾薬の補給は通常、戦場に進出して行います。まさに、後方支援は「武力行使と一体」であり、憲法違反です。

安倍首相は、安保法制に基づく「後方支援」について、自衛隊が後方支援活動をすることができるのは「現に戦闘行為が行われていない場所」に限るとしており、戦闘行為が始まったら後方支援を中止し、即時に撤退することになると説明しています。さも安全であるかのような説明ですが、これは印象操作にすぎません。

共同で活動している米軍からすれば、戦闘行為が始まったときこそ、現場に弾薬などの補給が必要だと考えます。戦闘中の米軍が、自衛隊だけの撤退を許すはずがありません。米軍が戦闘中であるのに、自衛隊だけが撤退するようなことになったら日米の信頼関係は霧消することでしょう。むしろ、ひとたび戦闘が始まれば、補給活動の増大がより求められることになります。

「後方支援であれば安全」「自衛隊員の職務の危険性が増すことはない」といった答弁は、現場を知らない自衛隊上層部や政治家のまやかしにすぎません。補給部隊は極めて戦闘力が低く、相手側からしても必要な物資を持った、まさに「鴨がネギを背負った」状態にほかならず、極めてリスクが大きい任務であることは素人でもわかることです。

⑵ 「戦闘」を「武力衝突」と強弁する防衛大臣

南スーダンへのＰＫＯ派遣に関して、当時の稲田防衛大臣は「戦闘」を「武力衝突」と言い変えるなどにより、あくまでも安全だと国会で強弁しました。これは、くしくも安倍政権が言っている説明が無責任、かつ破綻していることを示す前例となりました。今後、自衛官が派兵先で危険な状況に直面するような事態が生じれば、安倍政権はこれまで同様に、詭弁を弄するでしょうか。

4 安保法制は契約違反

安保法制成立以前に自衛隊に入隊した自衛官に対して、国が契約違反をしているという問題もあると思います。自衛隊の存在意義はあくまで国民の命を守ることにあります。私はその思いでこれまで自衛官としての職務を全うしてきました。

「私は、我が国の平和と独立を守る自衛隊の使命を自覚し、日本国憲法及び法令を遵守し、一致団結、厳正な規律を保持し、常に徳操を養い、人格を尊重し、心身を鍛え、技能を磨き、政治的活動に関与せず、強い責任感をもつて専心職務の遂行に当たり、事に臨んでは危険を顧みず、身をもつて責務の完遂に努め、もつて国民の負託にこたえることを誓います」（自衛隊法施行規則39条〔一般の服務の宣誓〕参照）。

これは自衛隊に入隊するときに読み上げる宣誓文です。

国民の意思を無視して強行採決で成立した安保法制に基づく派兵や命令は、けっして「国民の負託」ではないと思います。日本に降りかかる火の粉を払うことこそ、自衛隊の本来の任務です。アメリカと一緒になって他国に火を点けて回ることは自衛隊の任務ではありません。また、国民を守ることとは関係のない他国に出て行き、虫けらのように「殺し殺される」戦場で命を落とすことは、入隊時になした自衛官と国との間の契約に違反するものです。「他国の侵略から国民を守る」という大義があったからこそ、私はこの仕事を選んだのです。米国みたいに他国に攻めていく軍隊であれば、私は入隊しませんでした。自衛官には労働問題として争ってもらいたいくらいです。

5　安保法制と自衛官の再任用

私は病気を患っているとはいえ、元自衛官です。戦争が始まった場合、不足する兵員を補うために再び、定年した自衛官の再任用を定めた自衛隊法45条の2などを理由に強制的に戦場に駆りだされるおそれがあります。かつて日本に存在していた国家総動員法の下では、日本の敗色が濃厚になってきたときに傷痍軍人のような廃兵までが動員され、在郷軍人として沖縄戦などで弊履のごとく使い捨てされました。私のような病人も例外ではないということです。

安倍政権は徴兵制を導入しないと言っていますが、民間船舶の船員の徴用計画を図ったり、また自衛官としての勤務歴がない民間人が簡単な試験と短期間の訓練を受けるだけで予備自衛官になることができる予備自衛官補制度も容認したりしています。また予備自衛官でもない、私のような安保法制下での戦争行為を嫌う元自衛隊員に対しても、その思想信条を無視して65歳まで再任用できるように自衛隊法の改正が行われました。

安保法制が成立してから自衛官を志す若者の数が減っているという報道を目にします。自分もそうですが、自衛官は米軍と一緒に戦場に行かされるために入隊したわけではありません。今、自衛隊に入隊したいという若者がいたら、私はとめます。

制度上、仮に再任用を拒否できるとしても、退職自衛官のなかには年金を受給できるようになるまでの生活不安から、再任用に応じざるを得ない人もいると思います。そのような人は自己の意に反して、戦場に駆り出されることになるのではないでしょうか。

6　自衛官の危険性

先に紹介したように（本書17頁以下参照）、私も自衛隊の保安警務隊に所属していた時代には「不用決定」になった捕虜の殺し方、捕虜から情報を得る「訊問」という名目の拷問の方法などを教え込まれました。幸運にもそれらを実践することはありませんでした。

しかし、これからは実際に自衛官が人を殺したりすることになります。自分の身を守るためとはいえ、目の前の人の命を奪うことがどれほど重いことか、どれだけ精神的な負担になるかは想像に難くありません。人は死ぬか殺すかといった厳しい戦場に送られると、精神的に影響を受けます。状況が人を殺す理由をつくり、人を変えるのです。なお、2003年頃から自衛隊ではカウンセラーを積極的に雇うようになりました。

7　南スーダンへの自衛隊派兵と安保法制

安倍首相は、日本の安全のために安保法制を成立させたと言いますが、本音はアメリカに追従して、アメリカが起こした戦争に参戦する国、すなわち「戦争する国」への道を開くことにあったと思います。私は入隊時の契約に反してそのような危険な任務に派兵される自衛官が不憫で気の毒だと思い、南スーダンへの派兵が予定されていた陸上自衛隊帯広駐屯地の正門の前で請願書（次頁）を持って立ち、自衛隊の南スーダンからの即時撤退を訴え続けました。

南スーダンはまったく平和ではありません。戦闘が続いている戦場です。PKO派遣の5原則（PKO参加五原則のこと）[*1]など、とうの昔に破綻してます。先に述べた稲田元防衛大臣の国会答弁や、後述するように「戦闘」と書いてあった陸上自衛隊の日報を隠ぺいしようとしていた問題を考えれば明らかです。こんなところで「駆けつけ警護」が

稲田防衛大臣殿

元保安警務隊員
末延 隆成

平成 29 年 3 月 8 日

稲田防衛大臣殿、南スーダンの現状について現地部隊からの日報等を破棄したとか黒塗りをし、隠蔽のようなPKO 5 原則に触れないようにとの印象操作ともとれる「戦闘」を「衝突」と言い換えて、憲法 9 条に反していないように強弁するのは止めて下さい。

隊員達の命は安倍政権の都合の良い道具では無い！

犠牲になる隊員達の流す血、そして家族達の涙に対し、あなた方為政者はどう責任がとれるのか！

隊員達を死地に赴かさせるか如くの憲法 9 条に反する、南スーダンでの新任務付与は基本的人権の侵害であり、その生命、そして私達の人間としての良心への精神的苦痛であり、国民としての幸福追求に対する心の平和的生存権への重大な侵害である。

貴殿が南スーダンでのPKO 5 原則の崩壊につながる危険な事実を潔く認めれば、隊員は家族達の元に直ちに帰れるのです。隊員達はあなた方のせいで無意味な犬死にをする事になるのですよ。

他者の命だからといって軽がるしく扱わないで下さい。

直ちに南スーダンから隊員を家族達の元に帰して下さい。

自衛隊の本来任務は専守防衛に在り、自衛隊は国民の為のものであって、政権の為にあるのでは無い！私の仲間達を虫けらのように扱い、大義の無い無意味な犬死にをさせないで下さい。

可能なＰＫＯ協力法に基づいて武器を持って駆け付ければ確実に「殺し殺される」ことになります。

日本政府は、２０１７年４月10日、南スーダンＰＫＯからの撤退を決めました。当たり前です。南スーダンは現在も戦闘地域であり、そもそもＰＫＯ派遣の要件などを満たしていないからです。このような状況下で自衛隊員が殉職すれば、自民党への批判は一気に高まります。これを恐れての撤退だったのでしょう。

私の思いが伝わったというおこがましいことを言うつもりはありません。ただ、私が正門の前に請願書を持って立っていると、最初はだれも話しかけてきませんでしたが、そのうち若い自衛官から話しかけられたり、自衛官の妻から「私の夫は大丈夫でしょうか」と相談されたりすることも増えました。自分の家族である自衛隊員の身を案じる気持ちは当たり前です。

ＰＫＯ派遣の要件も整っていないアフリカの地に行って殺し合いをして、自衛官に万が一のことがあったら、安倍首相は家族にどう説明するつもりなのでしょうか。安倍首相はＰＫＯ撤退の理由を「自衛隊の任務が一区切りついたから」などと説明していますが、南スーダンが戦闘状態であるため、自衛官のなかで犠牲者が出た場合の責任追及を恐れただけだと思います。

8　自衛官の家族

私は、30代の現役自衛隊員から「私が南スーダンで死んだら、残された家族はどうなるだろうか。経済的に困らないだろうか。子どもが学校で『お前のおやじはバカなことを外国でして殺された』とか言われていじめられないだろうか」という悩みの声を聞いたことがあります。また、家族に自衛官がいるという女性からは、「ＰＫＯのことは今まであまり自分のこととして感じていなかったが、それが大きな間違いでした」と言われました。

家族が心配するように、海外で人を殺してきた自衛官の家族も周りから「人殺しの家族だ」と言われ、子どもたちが学校でいじめに遭うことがあるかも知れません。周りの人は「自分が殺されそうになったから身を守るために殺した」と言っても納得しないでしょう。それほど、人を殺すということは重いことなのです。

9　安保法制成立に尽力した「牟田口」隊長

私が別の自衛官から聞いた話として、イラクに派兵された自衛隊の某隊長の例を紹介します。

イラクに派遣されたある部隊ですが、現地が危険になったので撤退したいと隊長に打診しました。ところが隊長は許可せず、「現場にいろ」との命令を出しました。そうした対応に頭にきた部隊の自衛官たちは、「現場に来て確認してほしい」と隊長に依頼しました。しかし、隊長は「部族長との会議」などの名目で現場には来ませんでした。こうした状況を受け、自衛官たちはその隊長を「牟田口」[*2]と呼ぶようになりました。その隊長はのちに参議院議員となり、安保法制を成立させる際にも自衛隊の体験などを語り、その必要性を力説しました。

川）や2000メートルを超える山々（アラカン山系）を通過しながら、最大で470キロメートル離れたインドの都市インパールを攻略するという「インパール作戦」は無謀との反対論が多かったのですが、牟田口廉也は反対論を押し切り、作戦を強行しました。案の定、補給が続かずに作戦は中止、撤退に追い込まれました。退却路は日本兵の死体だらけとなり、「白骨街道」「靖国街道」と呼ばれました。作戦自体が無謀ということに加え、牟田口廉也は戦争の前線になかなか行かなかったり、兵士よりも先に戦場から逃亡したことも批判されました。

第4章　自衛隊と憲法改正に思う

1　防衛省・自衛隊と「日報」

防衛省は自衛隊のイラク派遣部隊が作成した日報は存在しないと言い続けてきましたが、２０１８年に入ってから日報が発見されたと説明を変えました。そのなかでは自衛隊が宿営地を置いたイラク南部のサマーワの治安情勢に関して、「戦闘が拡大」という言葉が使われていました。自衛隊のいる場所が戦闘地域であることが明るみになるとイラクからの撤退を余儀なくされることから、当時の政権にとって不都合な記載は故意に隠蔽されたのだと思います。

私はイラクに派遣された自衛官から次のような話を聞いたことがあります。

「自分たちの近くの砂漠に突然弾けたように土煙が上がり、直後に乾いた銃声が響き、見ると遠くで銃を持った者たちが悠々と立ち上がり歩き去っていく」「昼間はともかく、夜は警備についていると非常に緊張し、警備勤務を交代し、床に就いても神経が高ぶり眠れなかった」。そういう状況下でその自衛官が銃声が聞こえたことなどを上官に報告しても、実際の被害が生じなかったために、「引き続き、警戒を厳にし行動せよ」と言われるだけでした。また、銃声が聞こえた事実については部隊内で箝口令が敷かれ、隠ぺいされたとのことです。

なお、イラクでは自衛隊の軽装甲機動車が路肩爆弾[*1]により損傷する事件も起きました。また、イラクから帰還した自衛官のなかには自殺をしたり、精神的な病にかかった者もいます。

私が所属していた中隊からも2名の自衛官がイラクに派遣されましたが、派遣前に多数の射撃訓練をしていたことを覚えています。通常の訓練であれば、自衛官は年間100発程度の実弾を用いた射撃訓練を行いますが、これらの自衛官は何千発も使って練習をしていました。また、彼らは頭部を狙って2発撃つ近接射撃（射程距離は20～30メートル）の練習も行っていました。頭部を狙うやり方は最初から殺すことを前提とする訓練を意味します。自衛隊は当初から、イラクへの派遣は危ないという意識を持っていたから、こうした訓練を派遣する自衛官にさせたのでしょう。

自分たちに不都合な事実を覆い隠すことは、民主主義の根幹を揺るがす、許しがたい行為です。万一、自衛隊の制服組が日報の存在を隠したというのであれば、文民が自衛隊を統制するというシビリアン・コントロールが完全に機能していないということになります。自衛隊はこのような機能不全な状況下で安保法制により海外に派遣されたり、他国の戦争に参加するようなことになってもいいのでしょうか。

旧日本軍のなかでも「馬鹿な大将、敵より怖い」という言葉が言われていましたが、安倍首相はまさにそれです。言葉遊びでかわしながら制定された安保法制の下で、危険な任務に派遣される自衛官が本当に不憫です。

2　シビリアン・コントロールはできているのか

自衛隊の大義は国を守ることです。自分は生き甲斐がある仕事と思い、自衛隊に入隊しました。国民に「税金どろぼう」と言われてきたから、町のなかにいても人の目を気にしていました。しかし、今の自衛隊は国民の目を気にしないようになりました。それがシビリアン・コントロールにまで影響を及ぼすようになりました。

自衛隊は文民である政治家が言うことをきかなくなってきています。例えば防衛省・統合幕僚監部の3等空佐による民主党の小西洋之参議院議員への暴言が示すように、自衛隊の上層部・幕僚は自分たちに都合が悪いと思う人たちと敵対します。自衛隊はいまのうちにがっちりと押さえこんでおかなければ暴走します。シビリアン・コントロールの復活が必要です。自衛隊はでしゃばってはいけません。

3　憲法9条は世界に誇れる日本の宝

(1)　現在の憲法は「いい憲法」

自衛隊は保険と同じです。何かあれば対応します。日陰の存在であるから良かったのです。いくら税金どろぼうと言われようとも、いざとなったら日本を守る。それが誇りでした。専守防衛だったので、自衛隊は海外で武力を行使しない存在でした。自衛隊の任務は国を守るだけではありません。災害派遣などほかにもさまざまなものがあります。

自衛隊は文民統制が取れている間は良かったのです。

ところがいま、自衛隊は軍隊化されようとしています。自衛隊の存在が憲法に明記されると、自衛隊は軍隊化します。自民党は、2012年の「日本国憲法改正草案」で「国防軍」を設置すると言っていました。自衛隊を憲法に明記して何をするのでしょうか。自衛隊が明記されれば、自衛隊は憲法違反と言えなくなります。そうしたら、海外で武力を行使しても問題がないことにされます。日本は70年もの間、平和でやってきました。しかし、アメリカから「自衛隊は憲法に明記されている存在だろう」と言われれば、海外派兵を断ることができなくなります。

いまの憲法はいい憲法です。憲法9条は世界に誇れる日本の宝です。一字一句とも変えてはなりません。9条があるからこそ、自衛隊はこれまで海外で武力行使をせずにすんだのです。また、9条によって私たち自衛官は守られてきたのです。良法は命と人権を守ります。悪法（=改憲や安保法制）は国を滅ぼすことになります。実際に、大日本帝国憲法や国家総動員法、治安維持法のような悪法は国を滅ぼしました。

なお、自衛官が海外の戦闘で命を落とした場合、現在の制度では賞恤金《しょうじゅつきん》（褒美や見舞金のようなもの）の上限が1億円です。これでは、子どもの教育費やローンなどのすべてを賄うことはできません。戦死者が増えるようになれば、この1億円という額すら支払われなくなるでしょう。防衛省団体保険は「任意保険」ですが、実際には強制加入です。しかし、この保険でもあっても、犯罪や戦争行為で死んだ場合には支払いはなされません。これでは自衛官はたまったものではありません。

(2) 憲法改正に関する「幹部自衛官」と「一般自衛官」の態度の違い

憲法改正について肯定的または好意的な発言をする自衛官は、上級幹部自衛官に多いです。これらの幹部たちは最前線に行きません。防衛関連企業に天下りしたり、政界進出する幹部自衛官と、死傷するかもしれない戦場に行かされる一般自衛官の考え方は大きく異なります。一番危険な思いをする一般自衛官は好んで憲法改正を求めるわけではありません。ただし、信頼している友人に対しては、憲法改正に関する自分の意見を言うことができるかもしれませんが、おおっぴらに自分の意見を言うことは難しいのが現実です。

4　憲法改正と徴兵制

安倍首相は、徴兵制を導入しないと言っています。憲法18条（奴隷的拘束及び苦役からの自由）が禁じる意に反する苦役にあたることが、その理由の一つとしてあげられています。しかし、憲法を変えたら、「美しい国を守ろう、家族を守ろう、これらのことが『苦役』になるのか」と主張し始めるかもしれません。また、現在は少子高齢化が進んでいる上に、安保法制の制定により自衛隊への入隊希望者が減ってきています。現段階で自衛隊は定員を満たしていません。日本すら守ることができない状況です。

安倍首相は「素人は役に立たない」と言います。しかし、実のところ、昔に比べると自衛隊の装備は軽量化しているため、アフリカの少年兵のように子どもでも扱うことができるのです。自動小銃であれば、だれでも使うことができます。ＩＳは子どもを訓練し、車を運転させ、自爆行為までさせています。男性に限らず、女性であろうと子どもであろうと、車の運転ができれば補給（後方支援）活動ができるということです。

十分な訓練を受けた自衛官は温存し、命を落とす業務にはいつでも補充できる人材を使います。かつてアジア・太平洋戦争時に学徒出陣をした学生や少年兵としての訓練を受けた者が、特攻隊員にされたようにです。路肩爆弾がありそうな場所を通行するようなときには、こうした補充が可能な人を先に行かせるのです。

＊1　路上に仕掛けられた即製爆発装置のことです。

第2部
自衛隊の存在から憲法改正を考える

第5章
末延発言から何を読み解くか

本書の主な目的、それは言うまでもなく、元陸上自衛官であった末延隆成さんの発言を通じて「安保法制」や「憲法改正」などの問題について考えるきっかけを社会に提供することにあります。

元自衛官である末延さんの発言の根底にあるのは、「自衛隊での体験」と「他者への思いやり」です。安保法制や自衛隊を憲法に明記する憲法改正に末延さんが断固、反対するのも、「自衛隊での体験」と「他者への思いやり」からです。

1　なぜ末延さんは「安保法制」に反対するのか

末延さんが自衛隊に入隊するきっかけとなったのは、「国を守る」「国民を守る」ことにやりがいを感じていたからでした。

末延さんに限らず、他の自衛官もそうですが、「日本防衛」のためなら命を懸けるという自衛官は少なくありません（『安保法制を語る！　自衛隊員・NGOからの発言』〔現代人文社、2016年〕の（元）自衛官たちの発言を参照してください）。この点では、自衛のためでも武力行使を認めない立場とは異なります。ただ、日本を守るためなら命を懸けて戦うという自衛官でも、日本防衛に関係のない、海外での武力行使を可能にする「安保法制」には断固、反対という自衛官は少なくありません。

私も安保法制に関して「大義名分がない」と強い口調で現役のレンジャー隊員が反対するのを聞いたこともあります。現役自衛官だけではなく、元自衛官でも安保法制に反対する人が少なからずいます。というのも、日本防衛に無関係の武力行使を可能にする安保法制によって仲間や後輩の自衛官が殺されることには心底、我慢できないからです

（今川論文164〜165頁も参照して下さい）。末延さんの「安倍総理、隊員の命はあなた方のオモチャではありません。安倍政権は隊員たちの流す血、家族の涙にどう責任を取るのでしょうか」との言葉にも、仲間や後輩の自衛官に対する思いが込められています。

末延さんの思いは仲間や後輩の自衛官にだけでなく、自衛官の家族にも及びます。自衛官が戦争で亡くなったら、残された家族はどうなるのか。末延さんは家族の思いも踏まえ、安保法制に反対しています（たとえば本書53頁参照）。

2 「安保法制」「戦場」の現実

末延さんが自衛隊を退職する際の役職は「部隊弾薬補給陸曹」でした。つまり末延さんは安保法制での「後方支援」を実施する部隊に属していました。こうした部隊に属し、実際の訓練などを踏まえれば、「後方支援であれば安全」「自衛隊員の職務の危険性が増すことはない」などという安倍自公政権の主張は「机上の空論」に過ぎません。末延さんの体験からすれば、戦争に「前方」も「後方」もありません。そして後方支援部隊ほど敵の攻撃を受ける可能性が高くなります。にもかかわらず、安倍首相などの机上の空論に基づいて制定された「安保法制」を法的根拠として自衛官が戦場に行かされ、犠牲になることには我慢できなかったのです。

また、末延さんは「保安警務隊」に所属していたこともあります。「保安警務隊」での経験も、さらに末延さんが「安保法制」に反対する一因となりました。本書で紹介しているように、ほんらい、自衛隊も「捕虜」に対して国際法に依拠した待遇をしなければなりません。ところが末延さんが保安警務隊に属して知ることになったのは、自衛隊では国際法を無視し、「捕虜」に対して「虐待」や「不用決定」を実施することになっているという、驚愕すべき事実でした。「処理」の仕方も、「南京事件」などに参加していた軍人などのノウハウが自衛隊にも引き継がれており、極めて残虐な方法です（本書17頁以下）。あまりにも残虐な方法のため、実はこの本でも紹介していない内容もあります。

「保安警務隊」での「隠された任務」を知ったからこそ、かりに自衛官が海外での戦闘で身体拘束された際、自衛官がどのような目に遭うか、末延さんには想像できました。「保安警務隊」での勤務体験も、末延さんが安保法制に強い思いで反対する大きな一因となっています。

3　曹士自衛官と幹部自衛官

以上のような紹介には納得できないと感じる人もいるかもしれません。というのも、テレビなどで幹部自衛官や元自衛官が、安保法制や自衛隊を憲法に明記する憲法改正に賛成しているのを見かけることも少なくないからです。この件でも末延さんの発言は大きなヒントを私たちに提供します。つまり「幹部自衛官」と「曹士自衛官」の違いです。実際に戦場に行く可能性が低い「幹部自衛官」は「安保法制」や「憲法改正」を積極的に擁護しますが、真っ先に戦場に行かされる可能性が高い「曹士自衛官」は、日本防衛に無関係の、海外での武力行使を行うことになる「安保法制」や「憲法改正」に反対していることを末延さんは紹介しています。末延さんが仲間の自衛官から聞いた、本書54頁で紹介している「牟田口」の例も、「安保法制」や「憲法改正」の問題について考える際には広く知られるべき事実です。さらに「幹部自衛官」と「曹士自衛官」の違いは「東日本大震災」の際にも現れていたことを末延さんは証言しています（本書34頁）。

なお、末延さんの発言では、「幹部自衛官」と「曹士自衛官」の違いについて発言が

自衛隊の階級

陸上自衛隊	海上自衛隊	航空自衛隊	他国の軍隊
陸将	海将	空将	陸上幕僚長などは大将、陸将などは中将
陸将補	海将補	空将補	少将
1等陸佐	1等海佐	1等空佐	大佐
2等陸佐	2等海佐	2等空佐	中佐
3等陸佐	3等海佐	3等空佐	少佐
1等陸尉	1等海尉	1等空尉	大尉
2等陸尉	2等海尉	2等空尉	中尉
3等陸尉	3等海尉	3等空尉	少尉
准陸尉	准海尉	准空尉	准尉
陸曹長	海曹長	空曹長	上級曹長
1等陸曹	1等海曹	1等空曹	曹長
2等陸曹	2等海曹	2等空曹	軍曹
3等陸曹	3等海曹	3等空曹	伍長
陸士長	海士長	空士長	上等兵
1等陸士	1等海士	1等空士	1等兵
2等陸士	2等海士	2等空士	2等兵

（『防衛白書』などを基に飯島作成）

なされているので、ここで両者の違いについて簡単に紹介します。

自衛隊では以下のように（前頁の表参照）、16の階級に分かれています。このうち、陸上自衛隊で言えば「3等陸尉」以上の8階級の自衛官が「幹部自衛官」と呼ばれます。「幹部候補生」の課程を経て「幹部自衛官」となるのであり、部隊を指揮する立場にあります。一方で、2士から曹長までが「曹士自衛官」と呼ばれます。「曹」は小部隊のリーダーであり、幹部を補佐すると同時に、「士」を指導するのが役割です。そして現場で活躍する多くの自衛官は「士」の階級に属しています。

4　「東日本大震災」の体験と「防衛省・自衛隊」

東日本大震災が起こった際、末延さんは災害救助のために派遣されました。末延さんはここでも驚愕の出来事に出くわします。災害救助であれば、迅速に被災地に向かうべきです。ところが自衛隊は被災地に急行するのではなく、「災害救助」を名目に日米軍事合同訓練をしたのです。詳しくは本書31頁以下をご覧いただければと思いますが、末延さんは米兵から「なぜこんな忙しいときに、こんなことをしているんだ。クレイジーじゃないのか」と言われたそうです。結局、末延さんたちの部隊が現場に着いたのは、東日本大震災が起こってから9日目でした。直前まで生きていたと思われる死体もありました。もっと早く来れば助けることができたのにと、仲間の隊員たちとともに悔しい思いをしたと末延さんは語っています。

２０１６年4月の熊本地震の際に米軍の「オスプレイ」を投入したことに関して、防衛省の幹部たちが「東日本大震災の時のように自衛隊機が足りないという状況ではない」、「この状況で米軍を受け入れる必要があるのか」、「あまりに露骨すぎる」と発言していることが紹介されています（『西日本新聞』２０１６年4月19日付）。東日本大震災での経験から、末延さんも熊本地震の際の政府の対応や「オスプレイ」の投入は、「震災対策」を名目とした政治利用ではないか疑問を呈しています（本書36〜37頁）。米軍はわざわざフィリピンからオスプレイを呼び戻し、沖縄→岩国→熊本と移動させています。そして熊本の陸上自衛隊高遊原（たかゆばる）駐屯地で水や食料、毛布などの物資を積み込み、南阿蘇村の白水運動公園に運びました。ただ、その距離は20キロメートル程度で、運んだ物資も18日から23日の間に36トンにすぎません。２０１６年4月28日、参議院外交防衛委員会で井上哲士議員の質問に中谷元防衛大臣が答弁していますが、自衛隊のオスプレイよりも多くの物資を運べるＣＨ４７を70機持っていたのに18機しか熊本に派遣していません。こうした輸送にオスプレイを使うより、自衛隊が有するＣＨ４７やヘリコプターを使うほうが有効ではなかったでしょうか。

さらに熊本地震の際には、４月18日に米軍輸送機Ｃ１３０が自衛隊10人と自衛隊車両4両を積載して、千歳空港から熊本空港まで輸送しました。しかし、私は熊本地震の数日間、小牧基地周辺で確認していますが、小牧周辺では航空自衛隊のＣ１３０が何機も訓練していました。なぜ小牧のＣ１３０を活用しないのでしょうか？　実際、最近でも２０１８年９月29日に起きたインドネシアのスラウェシ島での大地震に際しては、小牧基地からＣ１３０Ｈ１機が40人の自衛隊員を載せて国際緊急援助活動に赴いています。熊本地震の際に小松基地所属の航空自衛隊のＣ１３０ではなく、千歳にある米軍のＣ１３０を使うことに何らかの合理的理由があるでしょうか？

5　自衛隊内での人権状況

末延さんの発言で、やはり看過すべきではない問題があります。それは「自衛官の人権問題」です。本書での末延さんの証言にもあるように、末延さんは体調がすぐれなかったにもかかわらず、医師に診てもらうことが許されませんでした。また、末延さんは「実際、自衛隊内部ではセクハラが多発しています」とも述べています（本書28頁）。本書に掲載されている今川正美元衆議院議員の論文でも紹介されているように、自衛隊内部でのいじめやセクハラは極めて陰湿です。残念なことに、決して少ないとは言えない状況です。安倍首相などは「自衛隊に地位と名誉を」などと主張し、憲法改正の必要性を説いてきました。本当に自衛官のことを考えるのであれば、憲法改正よりも、自衛隊内部での人権侵害などを防止するしくみづくりが求められているのではないでしょうか。そして自衛隊内部での「人権侵害」が後を絶たない理由、それは「自衛官に人権教育などしたら、いざという時に敵を殺せなくなる」（石破茂氏発言。本書今川論文161頁参照）という自民党政治家の対応に一因があるのではないでしょうか。

また、自衛隊の海外派兵により精神的な問題を抱え、自殺に至る自衛官も少なくありません。本当に自衛官のことを考えるのであれば、憲法改正よりも、個々の自衛官の生命を無用に危険にさらす、自衛隊の海外派兵には決して賛成できないものと思われます。今川氏の論文で紹介されている、元海上自衛官の西川末則さんや佐世保の海上自衛官の発言のように、自衛官は「祖国防衛」のためなら「命」をかけても、海外派兵には反対という自衛官も少なくありません（今川論文164頁）。自衛隊の世界中での武力行使を可能にする憲法改正という、自己の政治目的を達成するため、「自衛官に地位と名誉を」などと発言する安倍自民党の対応は、現場の自衛官の生命を危機に晒し、その家族にも重い精神的負担をかけるもので、自衛官やその家族を愚弄するものと言わざるを得ないでしょう。

6 「女性自衛官」と「徴兵制」

末延さんは、安倍政権下での「女性自衛官」の活用の実態（本書28頁）や「徴兵制」の危険性を訴えています。たとえば「徴兵制」などとの主張は「非現実的」と思われる人もいるかもしれません。

ここで私は自衛隊の準機関紙『朝雲』2018年7月5日付の記事に言及します。そこでは、「女性自衛官を9％以上に」との記事が1面で掲載されています。その記事には「米軍の女性軍人の比率は現在約15％で、4軍種の全職域と全配置が女性に開放されている」と紹介されています。

また、同日付の1面では「徴兵制復活に動く欧州」との記事が掲載されています。その記事には「日本では徴兵制は平和主義と対立する制度と考えられがちだが、欧州では歴史的に常に民主主義を支える制度だった」との記述も存在します。

自衛隊の準機関紙で、「女性自衛官」や「徴兵制」がこのように紹介されている理由や目的は何か、私たちは冷静に認識することが求められているように思われます。

7 「インターネット」「SNS」について

本書28頁での女性自衛官に関する発言については、多少、議論を展開させます。

安倍自公政権が戦車中隊の実戦部隊に女性を配備すると決定した2017年4月18日、末延さんからその危険性を紹介すべきとの連絡を頂きました。女性自衛官が大変な目にあってはいけないという、末延さんの「他者への思いやり」からの行動でした。私も末延さんの発言を『週刊女性』などで紹介しました。戦車部隊にいた末延さんの体験に基づく証言ですが、この発言の紹介は、「エロゲームのやりすぎ」「妄想」などと言われ、

自衛隊観閲式の訓示の中で、安倍晋三首相は、自身が目指す憲法９条への自衛隊明記を念頭に、「全ての自衛隊員が強い誇りを持って任務を全うできる環境を整える。これは、今を生きる政治家の責任だ」と述べた。臨む安倍首相（中央）＝2018年10月14日、埼玉・陸上自衛隊朝霞訓練場。写真提供：時事通信。

ネットで「炎上」しました。情けないことに、こうしたネットの情報に影響された研究者すらいました。

私がこの件を取り上げたのは他でもありません。まずは「戦争」の実態が正しく知られていないという事実を紹介すべきだと考えたからです。授業などで私が戦争の実態を紹介すると、「戦争とは兵士同士が殺しあうだけだと思っていた」との発言を聞くことが少なくありません。戦争とりわけ近代・現代の戦争では、兵士以上に一般市民が犠牲になるという現実が知られていないのです。そして、爆撃を受けた市民の服がはだけている状況などは、実際に空爆の写真などでは見られる状況ですが、そうした現実が知られていないのです。そして、このように戦争を知らない、あるいは軽く考えている人たちは、「安保法制賛成」「憲法改正に賛成」と簡単に主張するのです。

次に、「選挙」や「国民投票」の際、こうした「デマ」などの情報に流されないこと、つまり「メディア・リテラシー」の大切さを認識すべきだと考えたからこそ、女性自衛官に関するネットの対応についても紹介しました。

最近でも、たとえば2018年2月の沖縄の名護市長選挙でもさまざまな「デマ」が流されました。稲嶺進市長側はこうしたデマにも対応せざるを得ない状況に置かれました。

2018年6月の新潟県知事選挙では、池田千賀子候補者に対する「デマ」が流され、そうした「デマ」がSNSなどで拡散されました。選挙で当選後に池田候補の事実無根の男女問題が週刊誌で報じられるとか（このデマによって辞職に追い込まれ、再選挙になることを意図したものと思われます）、「拉致問題は創作」という論文を書いたということもデマでした。こうしたデマの影響は小さくありませんでした。沖縄県知事選挙でも、玉城デニー氏に関するさまざまなデマが流されていました。幸いそのデマに影響されることがなく玉城さんが当選しました。

選挙期間中やその前後のデマ情報は、まさに民主主義の根幹を揺るがす重大かつ悪質な行為ですが、こうした残念な事態が出現しているのが日本の状況です。こうしたデマは革新勢力の候補者に関わるものが圧倒的多数となります。ここで詳しく紹介することはしませんが、「右翼」によって意図的にでっち上げられた可能性が高いものです。選挙の際にこうした「デマ」が起こる可能性、その「デマ」にどう対応すべきかという問題は、憲法改正国民投票の際にも無視できないと思われます。憲法改正国民投票でデマが流され、そのデマを打ち消す必要が生じたとしても、国民投票法で定められている60日という短い期間では対応できない可能性があります。

ネットの情報でいえば、ウキペディア（Wikipedia）では末延さんの紹介がされており、そこでは「現職時代に窃盗・わいせつ・飲酒運転での部内処分歴多数と人事記録に記載」と記されています。「窃盗」「わいせつ」「飲酒運転」はどれも重大な「犯罪」です。このような犯罪を犯した人間を自衛隊は懲戒免職にしないのでしょうか？　そして末延さんに接したことのある人であれば、モノや女性にさほど執着がなく、お酒もほとんど飲めない末延さんがこのようなことをしたとの事実を信じることはできないと思われます。

末延さんのウキペディアにこうした虚偽の情報が記載される理由、それは末延さんの発言の影響力を貶めるためです。元自衛官として末延さんの発言は、安保法制や憲法改正に反対する運動などでは極めて影響力が強いため、そうした主張の影響力を低下させるために意図的に虚偽の情報が流されています。末延さんに関してもこうした虚偽、違法と言える情報がネットで掲載されている事実なども踏まえ、ネットでは意図的に虚偽の情報が流される危険性が高いこと、そうした情報を鵜呑みにせず、政治について判断することの重要性を広く市民に共有していただくことも、健全な民主政が実現されるためには重要です。

（飯島滋明）

第6章
末延発言から戦場の現実を考える

２０１５年末から２０１６年の春にかけて、私は飯島滋明氏（名古屋学院大学教授）らとともに『安保法制を語る！自衛隊員・ＮＧＯからの発言』（現代人文社、２０１６年）の出版に向けて、編集作業をしていました。その過程の２０１６年1月と2月に2回にわけて、飯島氏と私は自衛隊での任務経験に基づき安保法制や改憲に強く異を唱えてきた元自衛官の末延隆成さんから、自衛隊の実態について直接話を聞かせていただく機会を得ました。

1　末延さんと戦場の実態について語る

末延さんと初めて話をした日は、長時間の聞き取りに応じていただいたものの、見知らぬ人に長年勤めた自衛隊の実態について話をするという緊張感もあり、両者の間には最後までぎこちなさが残りました。しかし、2回目に話を聞かせていただいた日に、それまでの「話し手と聞き手」の関係を超すことになる出来事が起きました。長時間の聞取りを終え、末延さんの運転でご自宅から最寄りの駅まで送っていただいていたときのことです。会話の途中で末延さんに、私がイスラエルの占領下にあるパレスチナに滞在した経験があること、またその滞在中にイスラエル軍の軍事攻撃を数えきれないほど目撃したことを話したところ、車のハンドルを握っている末延さんがしばし驚いた顔をされたあとに、笑顔になって「戦場を知っているということか。それなら話が早い」とおっしゃったのです。

それ以来、私と末延さんは私が目にした戦場の状況、とりわけイスラエル軍がパレスチナ人を鎮圧するときに用いる方法（例えば、戦車がパレスチナ人のデモ隊に向けて発する白い煙や催涙弾の効果）などを頻繁に話すようになりました。ときには、私が長年疑問に思ってきたイスラエル軍の武力行使時の動きや同軍の装備などに関する質問をし、末延さんが丁寧に教えてくれることもありました。

これらの話を通して、私は日本社会でその実態が広く知られていない自衛隊と、長年戦闘を繰り返してきたイスラエル軍やその他の軍隊の間に軍事組織としての類似点が多々あることを確信するようになりました。例えば、イスラエル軍や自衛隊に限ったことではありませんが、軍事組織では指揮命令系統がはっきりしており、各部隊は上からの命令に従って動くことを強いられるために、兵士／自衛官は個人の意思に反する残虐な行為ですら、命令があれば従わざるを得なくなることなどです（本書42頁参照）。

末延さんは私に対して何度か、「自衛隊の実態や戦場の話をするなかで、自分たちは互いに信頼する友人関係になったけれど、かつては撃つ側と撃たれる側の立場にあった」とおっしゃったことがあります。国民を真に守るための自衛隊でありたい、と切に願いながらも、一方で自衛隊が市民／国民を弾圧するために治安出動する可能性があること（本書23～24頁参照）を否定できないことからなされた発言でした。それは、理想と現実との乖離から生じる末延さん自身の心の葛藤を表すものでした。

2　戦場のリアリティ――「自衛」のための武力行使が意味するもの

末延さんと私がこれまで何度も戦場や自衛隊の訓練の様子について話をしてきたのは、海外での武力行使を可能とした安保法制の下で、自衛官が経験することになるかもしれない戦場の非情さを確認するためでした。末延さんは戦場を経験したことがありませんが、私がパレスチナで目撃した話を通して自衛官の身に起きうる未来を想像し、ご自身の憂慮が現実のものとなったときのことを考えてこられました。

(1)　ヨルダン川西岸地区でのイスラエル軍の攻撃

今から16年前の2002年のことです。当時大学院生であった私はパレスチナ人が率いる非暴力直接行動による抵抗運動「国際連帯運動」[*1]に参加する決意をしました。同年3月から4月にかけてヨルダン川西岸地区のベツレヘムに滞在し、その途中でイスラエル軍の発砲により負傷し、治療を受けるために一度は日本に戻りました。治療後の同年

軍事作戦中にパレスチナ人の家に押し入るイスラエル兵（2002年8月2日、ナーブルスで筆者撮影）

7月に再びパレスチナに戻り、11月まで同じくヨルダン川西岸地区のナーブルスとその近郊にあるバラータ難民キャンプで活動を継続しました。

その当時、ヨルダン川西岸地区に侵攻したイスラエル軍は同地区の各地で軍事作戦を敢行しており、また実際の戦闘が行われていないときもパレスチナ人は厳しい軍事支配下に置かれていました。近年、同地区では当時ほどの大規模な激しい軍事作戦は行われていません。ガザ地区に対しては定期的に大規模な軍事攻撃が行われており、数多くのパレスチナ人が殺傷されています。しかし、イスラエルの占領はいまなお継続中であり、パレスチナ人の日常生活のすべてが監視されているといっても過言ではないでしょう。占領下では、例えば、移動の自由、教育や病院へのアクセス、水の使用などが著しく制限されるとともに、抵抗運動への軍事鎮圧やその関係者に対する家宅捜査などが行われています。

(2) 自分の寝室の壁が自動小銃による激しい銃撃を受けた

私は2002年のパレスチナ滞在中に、〈日常の光景〉としてイスラエル軍のジープ・装甲車・戦車が街中を走り回り、実際に同軍がパレスチナ人やその家屋・学校などの建物を発砲する様子を目にしてきました。大人であろうと子どもであろうとかかわりなく、銃撃の対象とされていました。[*2] 私の近くで話していた子どもが数時間後に会ったときには、鼻から血を吹き流しながら霊安室に安置されていたこともあります。戦車が帰宅途中の多数の子どもたちの前にあらわれ、叫び声をあげながら必死に逃げ惑う子どもたちを追いかけまわしていた姿も見ています。また、街中に設置されたイスラエル軍の検問所が通勤・通学する大人や子どもの移動を拒み、それに抗議する人々に対してイスラエル兵が銃口を突きつけて威嚇したり、実際に威嚇射撃をする様子も日常の出来事の一つ

バラータ難民キャンプで発砲するイスラエル軍の戦車（2002年7月31日、筆者撮影）

でした。

そして、私自身が滞在していたバラータ難民キャンプでは、二日に一度の割合で深夜にイスラエル軍が軍事作戦を敢行していました。キャンプに侵攻した同軍は、抵抗者の住居を急襲し、家宅捜査をするとともにその者を逮捕したり（抵抗者が不在の場合は男性の家族構成員が逮捕されることがある）、自爆攻撃者やその家族の家屋を「報復」のためにダイナマイトを用いて爆破するなどの行為を繰り返していました。こうした軍事作戦が継続されている間、キャンプの住民は自分の住居を含む家屋その他の建物に着弾する爆撃音や、どこに向けられているのかわからない無差別発砲の音が鳴り響く状況下で、自分や家族の無事そして同軍の撤収を祈っていました。私自身、自分の寝室の壁が自動小銃による激しい銃撃を受けたときに、逃げ出したいのに耐え難い恐怖のあまりその壁にもたれたまま一歩たりとも動くことができなくなったことがありました。

(3)「自衛」「国防」「対テロ」の名の下で正当化される軍事作戦

私はこのリアルな戦場経験を通して、次の二点を思い知りました。まず、多大な犠牲を引き起こす戦争や武力行使が「自衛」「国防」「対テロ」の名の下で正当化されるということです。二点目はこのような正当化の理由が軍事作戦をより残虐なものへと変えるということです。自分の国や国民が脅威にさらされている、と信じ込まされることで、国や国民を守るために「敵」とみなされた者を武力で打ち負かさなければならないという使命感を持つためです。これらは、末延さんの発言の中に出てくる「地元の人々をゲリラとみなして殺害する」(本書42頁参照)という話と通じるものがあります。

3　状況が人を殺す理由をつくり、人を変える

末延さんは私や飯島氏に何度か「状況が人を殺す理由をつくり、人を変える」という趣旨の話をしたことがあります（本書50頁参照）。その話になるたびに、私はパレスチナ人や私に銃口を向けていたたくさんの若いイスラエル兵の姿を思い出しました。敵意をむき出しにし、恐ろしい形相で銃を構える兵士、緊張で顔が強ばっている兵士、小ばかにした表情でパレスチナ人を銃で威嚇する兵士。ところが、現場が軍事的に緊張状況にないときにイスラエル兵と話をすると、穏やかな顔で〈普通〉に会話ができることも多々ありました。「早く家に帰って家族とともに過ごしたい」「母親が恋しい」「占領には反対だ。でも、徴兵を拒むとイスラエル社会で生きていくのが困難だから、拒否する勇気がなかった」「次にあなたに会うときは軍服を脱いだところで話をしたい」といった心情を吐露する兵士たちにも会いました。

こうした発言をする兵士であっても、ひとたび軍事作戦が始まると変わるのです。上司からの命令に従って撃つことが求められるのです。たとえ家族や友だちと友好な関係

を築いている兵士であっても、戦場で銃を持たされると力を得たと勘違いをし、その力を露骨に示すために、子どもを含む非武装のパレスチナ人に銃口を向けて威嚇するようになるのです。私は、通学中のパレスチナ人の子どもを小ばかにしたような顔つきで装甲車の上から眺めつつ、ときおり相手を脅かすような怖い形相で銃口を向けたり、催涙弾を投げていたあるイスラエル兵の姿を忘れることができません。彼は私の隣の建物の壁に向かって発砲し、その衝撃で倒れた私を見てにやつきました。

末延さんの「状況が人を殺す理由をつくり、人を変える」という指摘は、まさに私の経験からも言えることです。戦場は人をモンスターに変える力を有する恐ろしいところです。そして、こうした戦場に送られた兵士のなかからは帰還後に、自分たちが現場でしでかしたことへの自責、異常な緊張を強いられる戦場での高度なストレス、または戦場と日常生活の環境の大きな違いなどから心を病む者も出てくるのです（本書56頁、60頁参照）。

＊1　国際連帯運動の詳細については、拙稿「国際連帯運動――第二次インティファーダ下の非暴力直接行動による抵抗運動」『現代思想』Vol. 31―7（2003年）156―169頁を参照してく

ださい。

*2　イスラエル軍による軍事作戦下のヨルダン川西岸地区の状況の詳細については、拙稿「『自衛』の論理こそが戦争や武力の行使を正当化する手段となる——自衛隊の憲法明記の危険性」『憲法運動』第475号（2018年）12—20頁、拙稿「現代の戦場経験から考える自衛隊の憲法明記問題」『法と民主主義』No.530（2018年）12—21頁、拙書『パレスチナ——非暴力で占領に立ち向かう』草の根出版会（2006年）、拙稿「人間としての尊厳と草の根の抵抗——パレスチナ滞在から見えてきた人々の抵抗のあり方」『世界』No.713（2003年）120—126頁などを参照してください。

（清末愛砂）

第7章 末延発言がつきつける「自衛隊の現実」と安保法制

――「安保法制」・「憲法改正」反対運動、安保法制違憲訴訟の中で考える

1 「安保法制」に反対する「2つの柱」

安倍首相や自民党・公明党の政治家たちは「安保法制」の制定を「日本を守るため」と言っています。しかし、南スーダンへの自衛派兵などの例のように、安保法制は日本防衛に関係のない、世界中での武力行使を認めるものです。その結果、自衛隊員が死傷するリスクは高まります。派兵された自衛官の家族はとてつもない心配をせざるを得な

安保法案に反対する市民の国会前デモ（2015 年 8 月 30 日、写真提供：共同通信

くなります。こうした安保法制には、多くの市民が反対しています。

ルポライターの鎌田慧さんは、「安保法制廃止の闘いは二つの大きな柱からなります。一つは、安保法制の廃止を求める2000万人署名であり、いま一つが、安保法制違憲訴訟です。この二つは、お互いに連動し、支え、発展しあう関係にあります」[*1]と指摘します。鎌田さんが指摘するように、「運動」と「安保法制違憲訴訟」は、「安保法制廃止」のために極めて大きな役割を果たします。そして「運動」「訴訟」の場面でも、元自衛官であった末延さんの発言および存在は大きな影響を及ぼしました。

私は「運動」では「戦争をさせない1000人委員会」の事務局次長、安保法制違憲訴訟では「常任幹事」を務めるなど、安保法制反対に関わる「運動」と「訴訟」の両方に関わっています。そこで実際に「運動」や「訴訟」に関わっている立場から、「運動」や「訴訟」の憲法上の意義を紹介したうえで、運動や訴訟の場面での、元自衛官であった末延さんの発言や関与の意義などを紹介します。

はじめに安保法制について、その内実はなんであったか、憲法との関係でもう一度確認します。

2　安保法制とは

(1)　安保法制とはどのような法律か?〜海外のメディアの評価〜

安保法制とはどのような法律か、外国のメディアの評価を紹介します。

『ニューヨークタイムズ』2015年9月18日付（電子版）では、「国会は軍隊〈自衛隊〉に海外での戦闘任務を認めた」[*2]との見出しの記事が掲載されています。

イギリスのBBCのHP（2015年9月18日付）では、「多くの日本人は、海外での戦闘を禁止した、憲法の平和条項に愛着を持っている」が、「日本の国会は、70年前の第2次世界大戦以降、はじめて軍隊〔自衛隊〕が海外で戦うことを可能にする法律を通過させた」[*3]と紹介されています。

フランスの新聞『ル・モンド』2015年9月18日付（電子版）は、「安保法制」について、「第2次世界大戦以降初めて、海外での紛争に自衛隊を派兵することを可能にさせるであろう」[*4]と紹介しています。

『南ドイツ新聞』2015年7月16日付（電子版）も、「これらの諸法律〔安保法制〕は憲法の新たな解釈に仕えるものであり、一定の諸制約下にあるとはいえ、外国への日本の兵士の派兵を認めるものである」[*5]と評価しています。ポイントは「海外派兵」にあります。

(2) 安保法制は国及び国民を守るため？

2015年9月19日、安保法制の制定直後、安倍首相は安保法制を「平和安全法制」と呼んで「平和安全法制は国民の命、平和な暮らしを守り抜くために必要な法制であり、戦争を未然に防ぐためのものだ。子供たちや未来の子供たちに平和な日本を引き継ぐため、必要な法的基盤が整備された」と発言しています。公明党のＨＰには「参議院選挙２０１６」とのコーナーがあり、「『戦争法は大うそ』平和を守る平和安全法制」と記されています。副代表北側一雄氏の動画も掲載されており、「戦争法という批判がありますが、まったくのデマです」、「国民と国を守るための備えとしてこの法制を整備しました」、「徴兵制という批判はまったくの論外です」と発言しています。

⑶　安保法制の性質（その１）

では、安保法制は「国民や日本を守る」ための法律なのでしょうか？　実際に発動された事例から考えます。

２０１６年11月、安倍自公政権は南スーダンに派兵される自衛隊に「駆け付け警護」と「宿営地の共同防護」を命令しました。２０１７年４月、稲田防衛大臣は自衛隊法95条の２に基づいて米艦を防護する任務を自衛隊に命じました。また、２０１８年９月、政府が「国際連携平和安全活動」（ＰＫＯ協力法３条２号）を根拠に、エジプト東部のシナイ半島でイスラエルとエジプト軍の活動を監視する多国籍監視軍（ＭＦＯ）に陸自隊員2名を派遣することを検討しています。

　これらの事例をみれば、安保法制には共通の性格が浮かび上がります。つまり、安保法制に基づいて安倍自公政権が海外で命じた武力行使は、日本防衛には全く関係がありません。南スーダンでの武力行使は日本防衛には全く関係ありません。2017年4月に稲田朋美防衛大臣が命じた「米艦護衛の任務」は、「我が国の防衛に資する活動に現に従事しているものの武器等」の防護のため、自衛隊の武器使用を認めるものです。ただ、アメリカは「日本防衛」のために艦船を韓半島付近に派遣したわけではありません。「多国籍監視軍」（MFO）派遣も日本防衛には無関係です。自民党や公明党は「日本の防衛のため」と言いながら安保法制を成立させましたが、実際には日本の防衛に関係のない、アメリカの軍事行動支援のための法律なのです。

　2017年4月に当時の稲田防衛大臣が命じた「米艦護衛の任務」の場合、北朝鮮を威嚇する米軍の支援を実行しています。万が一、アメリカと北朝鮮が戦争になった場合、自衛隊による「米艦護衛」は国際的には米軍への軍事支援とみなされ、日本が戦争に巻き込まれる危険性すらもたらします。「国民の命、平和な暮らしを守り抜く」こそ「大うそ」であり、アメリカの戦争に日本の市民を巻き込む事態すらもたらします。

⑷ 安保法制の性質（その2）

さらにここで別の安保法制の性質を紹介します。

2016年11月20日、「駆け付け警護」と「宿営地の共同防護」の任務を付与されて南スーダンへの派遣命令が出された、陸上自衛隊第9師団のある青森の料理屋の広間で、派遣隊員の壮行会が開かれました。そこで激励された若い隊員は「手足を失うことがないよう、半年後、必ず帰ってきます」[*6]と発言しました。

一方、自衛官を子どもに持つある母親は、「わが子を戦場に送り出したい親がどこにいるか」と悲痛な声で語ったと言います。彼女は「隊員の息子を女手一つで育て上げました。息子は『経済的に大学は無理』とあきらめ、親に知らせずに入隊しました。それを知って息子に、『大学に行かせられなくてごめんね』と泣いてわびました。『その息子がいつ戦場に行くのかと思うだけでも気が狂いそうです。安倍首相や自民党は親の気持ちが分からないのか。そんなに戦争がしたいのか』と絞り出すような声で憤」ったと言います[*7]。

ここで青森の部隊の自衛官や母親の声を紹介しましたが、こうした発言にも「安保法制」の性格が表れています。安倍首相は安保法制により「自衛隊のリスクは下がる」なドと言っていましたが、自衛官が手足を失うことを危惧しなければならないような任務に就かされること、派兵された家族にはこの上ない心配をもたらすという性質です。

(5) 安保法制は憲法違反？

安保法制に対しては、海外の報道機関も関心が高く『ル・モンド』2015年9月18日付（電子版）には、「憲法違反？（Inconstitutionnel ?）」との小見出しがつけられた記載があります。内容を紹介しますが、「これらの諸法律は日本国憲法に違反すると看做されています」と明記して、安保法制が憲法違反であると主張しているシールズのメンバー（当時）である奥田愛基さんが紹介されています。さらには多くの憲法研究者が安保法制を憲法違反と評価していること、同年9月14日には75人の元裁判官も、安保法制は民主主義の諸原則に反すると表明したことがつけ加えられています。

3 「安保法制」「憲法改正」反対運動と集会・デモの意義

安保法制に対する反対運動としては「戦争法の廃止を求める2000万人統一署名」

などが代表的なものとして挙げられます。ただ、「集会」や「デモ」などに対して、以下でのべるような無理解な言説が弁護士などからも表明されることが目立つことに、末延さんも集会で発言したことから、本論に入る前に「集会」や「デモ」を中心とした「運動」の意義を紹介します。

(1) なぜ憲法的に「集会」「デモ」が重要なのか

憲法21条1項では、「集会、結社及び言論、出版その他一切の表現の自由は、これを保障する」と明記されています。安保法制に反対する市民は、安保法制の採決に反対して、多くの「集会」や「デモ」を実施しています。そこでまずは「集会」や「デモ」が憲法的にどのように扱われているのか、「集会」や「デモ」の意義を紹介します。「集会」とは、「多数人が政治・経済・学問・芸術・宗教などの問題に関する共通の目的をもって一定の場所に集まること」[*8]を言います。「集団行動（集団行進、集団示威運動（デモ行進）の自由は、「動く公共集会」として集会の自由に含まれるとみる見解が有力であるが、憲法21条の「その他一切の表現の自由」に含まれると見ることもできる。いずれにせよ、憲法21条によって保障されている」[*9]のです。そして「集会の自由は、表現の自由の一形態として、重要な意義を有する」[*10]と指摘されています。

なぜ「集会」や「デモ」が重要なのか。表現の自由の一形態としての「集会」や「デモ」は、「個人が言論活動を通じて自己の人格を発展させるという、個人的な価値」である「自己実現の価値」、そして「言論活動によって国民が政治的意思決定に関与するという、民主政に資する社会的な価値」である「自己統治の価値」を実現するからです。[*11]

最高裁判所も、「集会は、国民が様々な意見や情報等に接することにより自己の思想や人格を形成、発展させ、また、相互に意見や情報等を伝達、交流する場として必要であり、さらに、対外的にも意見を表明するための有効な手段であるから、憲法21条1項の保障する集会の自由は、民主主義社会における重要な基本的人権の一つとして特に尊重されなければならない」と判示しています（最大判平成4年7月1日民集46巻5号437頁）。

(2) 「集会」や「デモ」への批判

しかし、「集会」や「デモ」に対しては批判がなされることがあります。たとえば「集会やデモで反対するのではなく、選挙で意志表示をすべき」といった批判がなされることがあります。「選挙で主権者意志を表明すべき」というのは、ある意味ではその通りです。

ただ、「民主主義」を実現する手段が「選挙」だけと考えるのであれば、そうした見解は「民主主義」実現についての適切な認識ではありません。「集会」や「デモ」も、主権者意志を権力者に伝え、権力者の交代や政策変更の要因となるなど、民主政にとって極めて重要な役割を果たします。たとえば、60年安保のとき岸信介首相を退陣に追い込んだのは「選挙」ではありません。連日、10万人近い市民が国会を囲み、安保条約の改定を極めて強引に進める岸首相に反対したからです。安保条約改定後には「憲法改正」、そして自衛隊を国防軍にして海外派兵を可能にすることを岸首相は目指していましたが、国会周辺のデモなどで「岸を倒せ」という圧倒的な主権者意志が提示されることで、岸首相は辞職に追い込まれました。岸首相のあとに首相になった池田勇人氏や佐藤栄作氏、実は核武装論者といった政治家ですが、岸首相退陣の様子を目の当たりにしたために軍事優先路線を断念せざるを得ませんでした。

竹下登首相も、首相を辞職したのは選挙ではありません。「消費税導入」と「リクルート事件」により内閣支持率が10%を下回るなど、国民から支持されていないことが世論調査で明確になると同時に、竹下氏の自宅周辺で辞職を求めるデモなどが行われことが辞職をもたらす要因となりました。

市民の意志が提示されることで政策の変更などがはかられるのは国政レベルだけではありません。

1995年9月、沖縄では米海兵隊3人による「少女輪姦事件」が起きました。いままでも沖縄では多くの市民が米軍人による凶悪犯罪の犠牲となってきましたが、夕方にノートを買いに行っただけの少女がまたしても米軍人による被害者となったことに沖縄市民の怒りは爆発、10月には8万5千人を越える市民が集まる抗議集会が開かれました。こうした沖縄市民の対応を受け、その年秋に日本に来る予定だった、アメリカのクリントン大統領は訪日の予定を変更しました。そして8万5千人もの市民が怒りを表明したこともきっかけとなり、11月には日米両政府がSACO（「沖縄に関する特別行動委員会」The Special Action Committee on Okinawa）を発足させ、翌年12月にはSACO合意[*12]がなされました。

また、辺野古新基地建設に関して、2018年8月11日の県民集会には主催者の予想を超える7万人もの市民が参加しました。この県民集会も、沖縄の市民が安倍自公政権が進める「戦争できる国づくり」の一環であり、アメリカ軍の「出撃拠点」「後方支援基地」としての役割を強化することになる、「辺野古新基地建設」に反対する沖縄市民の意志表示となりました。そうした大規模な辺野古新基地建設反対集会が開かれることで、沖縄の市民の多くが「辺野古新基地建設」に反対していることが示されます。そして日本の他の都道府県の市民にも「沖縄の基地問題」を考える判断材料を提供することになります。

このように、集会やデモは首相の退陣や政策の変更をもたらしたり、主権者に国政に関する判断材料をもたらすなど、民主政の実現にとって極めて重要な役割を果たします。「選挙で意志表示をすればよい」との主張、確かにそうした面はありますが、「選挙」だけでは主権者意志を十分に示すことはできないのです。事実上、首相を選出することになる「衆議院選挙」は、政策ではなく「人」や「政党」を選ぶ選挙となっています。そのため、自民党がすすめる経済政策には賛成だが、軍事拡大路線に反対という人が自民党やその候補者に投票したとしても、必ずしも自民党の政策すべてに賛成したことにはならないのです。

また、とりわけ安倍自公政権下では、選挙の際には争点にせず、選挙後に「秘密保護法」や「安保法制」を成立させたなど、「争点隠し」の手口が常態化しています。2018年2月の名護市長選挙や9月の沖縄県知事選挙でも、「辺野古新基地建設」を争点としないようにする、「争点隠し」が行われています。

以上のように、選挙だけが「民主主義実現の手段」という認識は適切ではありません。「集会」や「デモ」も、主権者意志を権力者に示し、政権変更などを求めるための、極めて重要な手段なのです。

4 「安保法制」「憲法改正」反対運動と末延さん

2015年7月11日、札幌で開かれた集会で、末延さんは元自衛官であることを実名で公表した上で発言しました。実は今、私はその時の彼の原稿を手元に置きながらこの原稿を書いています。その原稿では「実は自衛隊は、数年前から18やそこらの、まだ高校生のような未成年の隊員にまで『家族への手紙』という、遺書を書かせています。私もその『家族への手紙』という遺書を強要されて書いたのですが、取り戻したその遺書を見て家族も泣きましたよ。隊員の命は安倍総理、あなた方のオモチャではありません

安保法制について語る末延隆成さん（2015年９月15日、国会前にて。大江京子弁護士撮影）

よ。犠牲になる自衛隊員たちの流す血、そして家族の涙に対してあなた方はどう責任取れるのですか?」（本書13頁、44頁参照）と記してあります。

憲法改正に関しては「私達の憲法9条は、日本の世界に誇れる宝です。自衛隊員と家族の守り神です。一寸、1㎜でも変えてはいけません」と記してあります。

安倍自公政権は安保法制審議の際、「後方支援は武力行使ではない」、「後方支援は安全」、「安保法制によって自衛隊員のリスクは減る」などと発言しています。しかし末延さんは自衛隊で補給部隊に所属してい時の訓練や経験から、こうした発言の虚偽性を批判します（本書44頁）。やや長いですが、『西日本新聞』２０１８年8月25日付で紹介されている、末延さんの発言を引用します。

「〔私は〕大半を北海道で過ごした。主に戦車への弾薬、燃料などの補給を担当した。法案が通れば戦争中の他国軍に対し、自衛隊が「後方支援」を常時、できるようになる。後方支援という言葉にだまされてはいけない。戦争に前方も後方もない。後方支援とは、撃ち合いをする戦闘部隊の所まで行き、弾を補給することだ。実戦では敵に狙われやすくリスクが極めて高い。

戦車隊の教本には、補給を受ける戦車の乗員側の注意点として『状況の許す限り、自車の位置まで誘導前進させて補給する』とある。

対テロ戦争ではいつ、どこで戦闘が起こるか予測するのは難しい。安倍晋三首相は『危険になれば活動を中止し安全を確保する』と説明するが、戦闘中に友軍を見捨てて、自分達だけ撤退することが本当にできると考えているのだろうか」。

実際の自衛隊の訓練や教本などに基づいて「安保法制」の危険性を批判する、末延さんの発言の説得力と影響力は大きく、テレビや新聞、週刊誌などでも頻繁に報じられました。改憲対策問題法律家6団体連絡会事務局長の大江京子弁護士は、末延さんが運動に参加した意義について、以下のように述べています。

「末延隆成さんは、2015年9月14日、『戦争法案の廃案と自衛官の人権擁護を求める院内集会』に参加し、翌日は国会前でもスピーチをしました。自衛官の制服に身を包み日の丸を持つ姿に、最初はみな度肝を抜かれましたが、『真っ先に命の危険に晒される自衛隊員のために、日本の将来のために、絶対に戦争法案を通してはならない。自分は日本と自衛隊を愛している。だからこそ戦争をする国にしてはいけない。』と訴える末延さんの話を最後まで真剣に聞いていました。今、安倍首相は『憲法に自衛隊を書きこまなければ自衛隊員に失礼だ』などとして憲法9条を改憲しようとしています。自衛隊員と国民の命を弄ぶ安倍9条改憲を絶対に許してはなりません」。

5　安保法制違憲訴訟と末延さん

⑴　ひろがる安保法制違憲訴訟

繰り返しになりますが、安保法制は、日本が攻撃されてもいないのに、世界中での自衛隊の武力行使を可能にする法律です。こうした法律は、「国権の発動たる戦争」「武力による威嚇」「武力行使」を「永久に放棄する」と定めた憲法9条に違反すると、多くの法律家や憲法研究者は指摘します。さらには『ル・モンド』でも紹介されているように、安保法制の制定過程も民主主義とは相容れないと考えられています。

こうした「安保法制」制定の手法や内容について、「平和」「民主主義」「立憲主義」を守るという観点から決して座視できないと考えた、寺井一弘弁護士を中心とする弁護士たちは安保法制違憲訴訟を起こすに至りました。２０１６年4月26日に東京地方裁判所で、安保法制にもとづく自衛隊の出動の差止めを求める訴訟と安保法制によって平和的生存権、人格権及び憲法改正・決定権が侵害され、精神的に傷ついたのでその損害を賠償してほしいと請求する国家賠償訴訟が提起されたのを契機として、北は釧路から南は沖縄まで、文字通り、日本全土で安保法制違憲訴訟の火の手が上がっています。２０１８年8月2日には、ノーベル物理学賞を受賞した益川敏英先生も原告となり、名古屋地方裁判所に提訴がなされるなど、いまでも「安保法制違憲訴訟」の勢いはとどまるところを知りません（詳しくは、安保法制違憲訴訟の会のホームページを参照してください）。

(2) 安保法制違憲訴訟の意義

安保法制違憲訴訟の会編『安保法制違憲訴訟　憲法を取り戻すために』（かもがわブックレット、２０１６年）5～14頁では、寺井一弘弁護士と伊藤真弁護士が、全国の弁護士仲間に呼びかけるために執筆した「私たちが安保法制の違憲訴訟を提起する意義について」という文書が掲載されています。かなりの名文なので一読を勧めます。私はこの文書で言われている、安保法制違憲訴訟の目的について紹介します。

「この裁判の目的が、単に違憲判決を得ることだけに尽きるものではないことも明確にしておきたいと思います。すなわち、裁判を通じて社会にインパクトを与えながら世論を形成し、政治過程を通じて違憲状態を矯正することにも重きを置きたいと思います。

このような裁判の政策形成機能は、具体的には嫌煙権訴訟（東京地裁昭和62年3月27日）が、原告敗訴にもかかわらず禁煙車両の増設をもたらした例、砂川裁判闘争において、一審の伊達判決が日米政府を動揺させ、ひいては67年美濃部都政誕生を潮目に、69年に米軍の拡張計画断念に至った例など、枚挙に暇がありません。『裁判で勝つ』ことのみならず、『裁判を通じて勝つ』ことも車の両輪として重視しています」[*13]。

ここで私が指摘したいのは「裁判の政策形成機能」「裁判を通じて勝つ」ことを目標としている、安保法制違憲訴訟の訴訟戦略です。とりわけ安倍首相が自衛隊を明記する憲法改正の実現に向けて動き出そうとする中、安保法制を糾弾する訴訟は、安保法制を憲法的地位に押し上げることにもつながる憲法改正に対しても反対の意志表示を突き付けることになります。法律のプロである「弁護士」約1600人が安保法制に対して「No」を突き付けているという事実は、憲法改正をめぐる場面でも市民に重要な影響を及ぼします。

(3) 安保法制違憲訴訟での末延さんの役割

こうした安保法制違憲訴訟の場面でも、元自衛官の末延さんは重要な役割を果たしました。安保法制違憲訴訟の寺井一弘共同代表は「『隊員たちの命は安倍政権の都合のいいオモチャではない』との末延さんの発言を心にとめて安保法制違憲訴訟を戦い抜く」と述べています。また、安保法制違憲訴訟の共同代表で事務局長の杉浦ひとみ弁護士は以下のように述べています。

「声を上げられない現役自衛官に代わって、この法制の危険性を裁判でリアルに示した末延さんの功績は大きい。しかしそれ以上に、自衛官らが9条と現実の軍備拡大という矛盾の中で『日陰の身』と言われながらひたすら耐えて存在してきたことの意味を今、国民に気づかせたことは重要です。

『自衛隊は安倍政権のおもちゃではない』という末延さんの言葉は、後輩たちの命と9条を守ってきた自衛官のプライドを軽んずることへの怒りです」。

6　末延さんの言葉をかみしめる

末延さんをはじめとする元自衛官は、無責任な政治家により仲間や後輩の自衛官が戦場に送られることに我慢できずに「安保法制」や、安保法制の憲法的承認にもつながる、自衛隊を明記する憲法改正にも公然と反対の意志を表示してきました。そうした自衛官の発言や意義について、安保法制違憲訴訟の共同代表である伊藤真弁護士は以下のように述べています。

「安全保障問題を議論するときにいつも最大の利害関係人である自衛官の思いが置き去りにされている気がしてならない。自衛官も憲法で保障される人権主体である。市民的権利が保障されない危険性がある軍事組織の内部の実態を知る上でも、末延さんの証言は安全保障を議論するすべての者が認識しておかなければならない。そして『自衛官が可哀想』という感情論的改憲を押しとどめるためにも今こそ私たちは真実を知らなければならない」。

自衛隊の訓練や教本などでは「どのような事態」が想定され、そしてどのような訓練をしているかを体験してきた末延さんなどの元自衛官からすれば、安倍自公政権が言うことが、いかに「机上の空論」で「現実離れ」しているか、現実を隠ぺいして国民を欺くものかが明確でした。だからこそ、自衛隊の訓練や教本などを踏まえての末延さんの発言は、安倍自公政権の主張する、安保法制の虚偽性を白日のもとにさらすことになりました。

たとえば「後方支援」などと称していますが、末延さんが指摘するように、自衛隊の現実からすれば「撃ち合いをする戦闘部隊の所まで行き、弾を補給すること」なのです。安保法制に対する反対論としては、「自衛隊員が殺し・殺される」という批判がなされます。確かにその通りです。ただ、その「殺し・殺される」方法について、実際の自衛隊での訓練などを知れば、その残酷な方法は私たち市民の想像を大きく超え、耳を覆いたくなるような手段も少なくないと思われます（本書17頁以下参照）。「保安警務隊」の任務を担当した末延さんからすれば、実際に自衛隊が派兵されれば、そのような「殺し方」をする可能性が生じます。また、自衛官がそうした「殺され方」をする危険性が想定できました。伊藤真先生が「今こそ私たちは真実を知らなければならない」と述べているように、本書で紹介している末延さんの発言は多くの人に知ってもらうべき「自衛隊の現実」です。正直、「血の気が引く」ような話もあります。だからこそ集会や裁判の場面でも、自衛隊の現場体験に基づく末延さんの発言は多くの人に衝撃を与え、「安保法制」や「憲法改正」の危険性をますます多くの市民に確信させることになりました。

＊本稿を執筆するにあたり、安保法制違憲訴訟の会の寺井一弘先生、杉浦ひとみ先生、伊藤真先生、改憲対策問題法律家6団体連絡会事務局長の大江京子先生には末延さんの役割に関する発言原稿をお願いするなど、大変お世話になりました。この場にてお礼をさせて頂きます。

＊1　鎌田慧「安保法制違憲訴訟を支える会から」安保法制違憲訴訟の会編『安保法制違憲訴訟　憲法を取り戻すために』（かもがわブックレット、２０１６年）20頁。

＊2　https://www.nytimes.com/2015/09/19/world/asia/japan-parliament-passes-legislation-combat-role-for-military.html

＊3　https://www.bbc.co.uk/news/world-asia-34287362

＊4　https://www.lemonde.fr/asie-pacifique/article/2015/09/18/japon-apres-l-adoption-des-lois-de-defense-la-crainte-de-la-fin-du-pacifisme_4763087_3216.html

＊5　https://www.sueddeutsche.de/politik/japan-mehr-militaereinsaetze-erlaubt-1.2569668
＊6　しんぶん赤旗日曜版編集部『元自衛官が本気で反対する理由』（新日本出版社、２０１７年）84頁。
＊7　しんぶん赤旗日曜版編集部・前掲注6文献87頁。
＊8　芦部信喜（高橋和之補訂）『憲法　第６版』（岩波書店、２０１５年）２１３頁。
＊9　芦部信喜（高橋和之補訂）・前掲注８文献２１６頁。
＊10　芦部信喜（高橋和之補訂）・前掲注８文献２１３頁。
＊11　芦部信喜（高橋和之補訂）・前掲注８文献１７５頁。
＊12　SACO合意最終報告書では、「沖縄県における米軍の施設及び区域を整理、統合、縮小」するとされ、普天間基地を含む、11施設約５０００ヘクタールを返還することになりました。SACO合意の付属文書「普天間飛行場に関するSACO最終報告」では、「今後5乃至7年以内に、十分な代替施設が完成し運用可能になった後、普天間飛行場を返還する」（２（e））と約束されました。しかし今でも普天間基地は返還されていません。
　また、SACO合意では「パラシュート降下訓練を伊江島補助飛行場に移転する」とされていますが、たとえば２０１７年9月21日、米軍は嘉手納基地でパラシュート降下訓練を実施しました。この訓練については小野寺防衛大臣が「SACO合意に沿わぬ」と発言するなど、合意が守られているわけでもありません。
＊13　安保法制違憲訴訟の会編・前掲注1文献12頁。

（飯島滋明）

第8章
【対談】末延発言（「専守防衛」）に賛成できるか

清末愛砂　室蘭工業大学大学院准教授
×
飯島滋明　名古屋学院大学教授

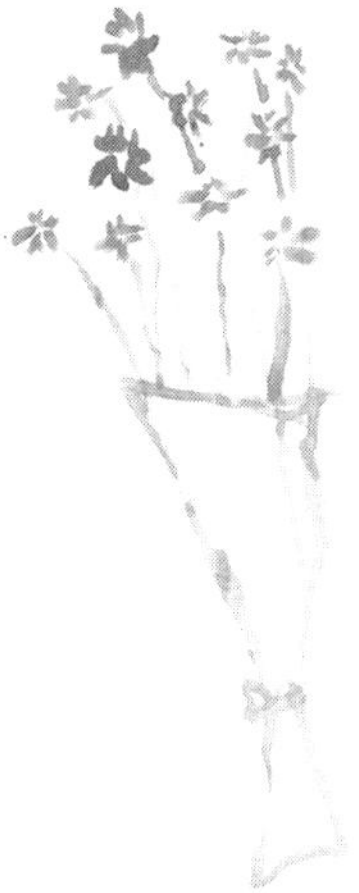

自衛隊の目的に関する末延さんの見解は、日本が外国から攻撃を受けたときの防衛のためなら武力行使は認められるが、海外での武力行使は認められないという立場（いわゆる「専守防衛論」）と言えます。自衛隊の創設から60年以上の月日が経過した現在の日本には、同様の見解を持つ人々が少なからず存在していることは否定できません。
安倍首相は、憲法改正に「命をかける」「政治家の責任」などと発言し、「2018年秋の臨時国会に憲法改正案を提出する」と明言しています。そうした政治状況のもとで、憲法の観点からこの立場をどう評価でき、またそれを支持する人たちと今後どのように

連携を図ることができるのでしょうか。

本章ではこれらの点に加え、自衛官本人やその家族が現在どのような状況に置かれているのかといった問題について、本書で末延さんの証言をまとめた2人の憲法研究者の討論を紹介したいと思います。

1　憲法論および現実論として、末延さんがいう「専守防衛」に賛成できるのか

●「専守防衛も違憲」との考え方を全面的にだすことに賛成しない

飯島——先に憲法論から話します。この問題を考えるとき、2004年に自衛隊がイラクに派兵された際に開催された、あるシンポジウムを思い出します。そのシンポジウムには防衛政務次官や郵政大臣を務めた箕輪登さんが参加していました。箕輪さんはかつてタカ派と言われていましたが、そうした箕輪さんでも憲法で認められるのは専守防衛であり、イラクに自衛隊を派兵するような海外派兵は認められないと発言していました。イラク自衛隊派兵訴訟の原告にもなられたと思います。それに対し、ある憲法

研究者が専守防衛という議論自体が認められないと発言しました。少なからず憲法研究者は、専守防衛であっても憲法上は自衛隊の存在自体が認められないと考えていると思います。

憲法9条2項は、「陸海空軍その他の戦力は、これを保持しない。国の交戦権は、これを認めない」と規定しています。交戦権が明文で否定されていますし、自衛のためであっても軍事組織による武力行使が認められるというのであれば、憲法上、例えば、宣戦布告や戦争終結などに関する規定が存在するはずです。しかし、憲法にはそうした規定がありません。現行憲法の制定議会である1946年の帝国議会の審議の際に、当時の吉田茂首相は、侵略戦争だけでなく自衛の戦争も認められないと答弁しています。立法者意思としても、自衛のためであっても武力行使は認めないという立場であったと言えると思います。

ただし、憲法論としては専守防衛には賛成できないとしても、現実論としては、憲法改正に向けた政治の動きが現実味を帯びている現在、そのことを前面に出すことが適切とは思えないというのが私の立場です。日本の多くの一般市民は専守防衛には賛成していると思われるからです。これは後の話題とからめてまた話をしたいと思います。

●「1項全面放棄・2項全面禁止説」の立場から考える

清末――私は「専守防衛に賛成できるか」と問われたら、はっきりと「賛成できない」と言います。憲法的にも整合性がとれないと思いますし、本書で紹介した私のパレスチナでの実体験からも確信しています。私は9条の憲法解釈として、1項はあらゆる戦争、武力行使、武力による威嚇を意味し、それを2項の戦力の全面的禁止により確認しているとする「1項全面放棄・2項全面禁止説」を支持しています。9条2項後段の交戦権規定と専守防衛の議論、自衛隊を戦力ではなく自衛力として容認する考え方は法的整合性がとれているとは思いません。9条2項で交戦権が認められないことの意味に注意すべきです。専守防衛ということは、事実上の戦争である武力行使や、最後通牒や宣戦布告がなされた国際法上の戦争を仕掛けられた場合に、軍事力を用いて「戦う」ことを認めるということです。それは、9条2項後段で禁止されている交戦権に抵触することになるのではないでしょうか。その意味で法的整合性がとれないと言えるのです。

●憲法13条を根拠とする「自衛隊合憲論」は認められるか

飯島――清末さんの話を聞いて質問したいと思ったのですが、憲法13条を根拠に自衛隊は認められると発言する意見もあります。たとえば「昭和47年政府見解」では、「第13条において『生命、自由及び幸福追求に対する国民の権利については、……国政の上で、最大の尊重を必要とする』旨を定めていることからも、わが国がみずからの存立を全うし国民が平和のうちに生存することまでも放棄していないことは明らかであって、自国の平和と安全を維持しその存立を全うするために必要な自衛の措置をとることを禁じているとはとうてい解されない」とされています。憲法13条を根拠に個別的自衛権を根拠づけられると主張する憲法研究者もいます。これに対してはどう思いますか？　政府見解自体がそれを根拠の一部にしていると思いますし、そうした主張をする憲法研究者もいます。これに対してはどう思いますか？

清末――この議論については、現実的にはかなり無理があると思っています。先に飯島さんがおっしゃったように、1946年6月の帝国議会で当時の吉田茂首相は、自衛のための戦争も認められないといった答弁をしました。この答弁は、「自衛」の名目で行われた戦争が多くの人々を殺傷してきたという現実の戦争体験に根差した実感から、13条は軍事組織とは相いれない関係にあるということを暗示したものだと思います。例えば、イスラエル軍はパレスチナに対する軍事攻撃を「自衛」の名の下で正当化してきましたし、２００３年のイラク戦争においても、アメリカは国際法上けっして正当化できない「先制的自衛」を主張しました。軍事組織を「自衛」の名目で正当化してしまうと、個人の生命を守ることができないということは、近現代の戦争をみても非常にはっきりしています。また、イスラエル軍やアメリカ軍の兵士をみてもいえることですが、除隊後もＰＴＳＤ（心的外傷後ストレス障がい）などで苦しむことがあり、それを支える家族も含め大変な思いをする場合が多々あります。こうした現実が憲法13条にかなった結果だとは思いません。したがって、私は、憲法13条を根拠に軍事組織を正当化する議論は、現実離れした議論としか思えないのです。

飯島――２０１７年2月、私は安保法制違憲訴訟で「安保法制の憲法適合性」という意見書を裁判所に提出しました。その意見書では「憲法13条が海外での武力行使の根拠となるとの主張は、公権力による『個人の尊厳』や『生命、自由及び幸福追求の権利』の剥奪・蹂躙を禁止した13条の意義、そして公権力による最大の人権侵害行為である『戦争』や『武力行使』を禁止する憲法13条の意義を根底から覆す明白な誤解である」と主張しました。私も憲法13条を根拠に自衛権を名目とする武力行使が認められるとする見解は正しくないと思っています。

2　では、日本が攻められたらどうするのか

●攻められないようにする外交努力を

清末――先ほど飯島さんは箕輪さんの話をだしました。箕輪さんと末延さんの議論は重なると思います。彼は『我、自衛隊を愛す　故に、憲法9条を守る―防衛省元幹部3人の志』（かもがわ出版、2007年）という本を出版しています。つまり、2001年から始まった「対テロ」戦争の一環であるイラク戦争の戦闘終結宣言後になされた「復興支援」の名の下での自衛隊の派兵も、専守防衛の立場の人からすれば「行きすぎ」なわけだったのです。

ところで、「対テロ」戦争の最初の武力行使となった対アフガニスタン攻撃をきっかけに、海上自衛隊は約8年にわたり米軍などの外国軍のために海上で補給活動を続けました（2001―2007年は旧テロ特措法、2008―2010年は補給支援特措法に基づく活動）。アフガニスタンがアメリカを攻撃すらしていないなかで行われた攻撃に、日本は明らかに加担したわけです。これは憲法上、国際法の遵守を求める憲法前文や98条に

も違反する行為だと思います。このことはあまり問題にされていません。まさに私たちの想像力の欠如を示すものだと思います。

「日本が攻められたらどうするのか」という議論をよく耳にします。そもそも、憲法前文などでは、そうした議論をする前に「攻められないようにする」外交努力をすることが求められているのではないでしょうか。憲法前文は現実的な外交のやり方を示していると思います。「日本国民は、恒久の平和を念願し、人間相互の関係を支配する崇高な理想を深く自覚するのであつて、平和を愛する諸国民の公正と信義に信頼して、われらの安全と生存を保持しようと決意した」という部分は、残虐で悲惨な戦争経験の反省に基づく規定と理解すべきものです。諸国家ではなく、諸国民と信頼醸成を構築することこそ、日本が生き延びる術だということを体験から学んだのです。

それからこれもよく指摘されることですが、「攻められたらどうするのか」という主張をするのであれば、同時に原発の再稼動を止めるのが筋でしょう。「攻められる」と言いながら、原発を再稼働するのは矛盾しています。しかも、原発の多くは日本海側にあるのですから。こうした矛盾を逆説的に考えると、これらの原発は攻められない前提で作られているということになるのではないでしょうか。本当に攻められると考えているのであれば、こんなことはしないと思います。明らかに安倍自公政権が言っていることと、現実にやっていることには大きなギャップがあります。

●武力で本当に平和を守れるか

飯島——「憲法を護れ」と発言する人たちに対して、「平和ボケ」「お花畑」などといった言葉を用いて、「非現実的」と批判する人たちがいます。そういう批判をする人たちに対しては、「武力で平和を守ることができるのかどうか、真剣に考えたことがあるのか」と問いたくなります。「戦争の現実をきちんと直視しろ」と言いたくなります。たとえば、朝鮮民主主義人民共和国（いわゆる「北朝鮮」。以下、「共和国」という。）からの弾道ミサイルが発射されれば、10分もしないうちに日本は攻撃されます。だからこそ、池上彰さんの番組でも、共和国の弾道ミサイルを防ぐことは無理であり、外交努力を通じてミサイルが発射されるような事態を回避すべきだと報道されていました。

ましてや中国との戦争になれば、数十発もの核ミサイルによって日本が攻撃される危険性があります。こうした攻撃を防ぐ方法があるのか。あると言うのであれば、具体的に提示してほしいですね。自衛隊の装備を強化し、憲法を改正すれば共和国や中国からの攻撃を防ぐことができると本気で思っているのでしょうか。

最近ではイージス・アショアを秋田県と山口県に配備する計画が進められようとしていますが、ミサイル防衛では共和国や中国のすべての弾道ミサイルを迎撃することはできません。できると主張するのであれば、それこそ「お花畑」であり、「非現実的」です。サイバー攻撃に対しても、日本は完全に防御できません。そして日本が攻撃されれば日本の市民は甚大な被害を受けます。「武力では平和を守ることはできない」「戦争になれば日本は甚大な被害を被る」からこそ、外交交渉などを通じて戦争を絶対に回避することを憲法は求めているのです。「武力で日本を守ることができる」と考えることこそが、戦争の現実から目を背けた「平和ボケ」と言わざるを得ないということも強く主張すべきと思っています。

●朝鮮半島の南北両国の外交努力が証明した現実

清末――2018年4月27日、韓国の文在寅大統領と共和国の金正恩朝鮮労働党委員長が「板門店（パンムンジョム）宣言」に署名しました。この宣言は、東アジアの現実的な平和を考えるうえで、非常に重要な意味を持つものです。今年中に朝鮮戦争の終戦を宣言し、停戦協定を平和協定に変えるためなどの協議を推進していくことが謳われたのですから。祖国の分断を強いられてきた人々にとっても大きな希望となるものだったでしょう。この宣言は同時に、日本国憲法前文が間違っていなかったことを証明するものになったと思います。分断という異常事態を経験している朝鮮半島の南北両国の首脳が外交交渉をした結果が、歴史的な板門店宣言を生みだしたということなのです。まさに「話し合い」こそが平和をもたらすことを現実に証明したのです。

こうして隣の朝鮮半島では平和に向かっているのに、日本政府は現実を見ないで「中国や共和国は危険だ」とあおっているわけです。このギャップは先ほどの原発の矛盾と非常によく似ています。歴史的に見ても、日本が中国を侵略したことはあっても、中国が日本を侵略したことは一度もありません。「中国が日本と戦争をしようとしている」と考えるのであれば、歴史や現状を無視した「非現実的」な理解にすぎません。

飯島——2017年10月に安倍首相が衆議院を解散した名目は「北朝鮮の脅威」でした。「北朝鮮が脅威だ」と言いながら衆議院を解散するとは、なんとも支離滅裂な話です。選挙後に麻生副総理は「衆議院選挙で自民党が大勝できたのは北朝鮮のおかげ」と言っています。自民党の政治家たちは共和国や中国の脅威をあおり、それを選挙や海外派兵を可能にする政治に利用しています。

清末――先に述べたように、憲法前文では「諸国家」とは書かれておらず、「諸国民」とされています。その意味では、草の根のレベルで中国と友好関係を築くべきでしょう。近年では中国からたくさんの観光客が日本に来ており、また中国国内では日本の文化などに関心を持つ若者が増えていると聞きます。日本でも中国語を学ぶ人たちがたくさんいます。単純な文化交流で終わるのではなく、過去の戦争の歴史を学びながら、民のレベルでの相互交流を図り、信頼関係の回復に努めるべきです。

3　自衛隊を憲法論として白黒（違憲・合憲）つけることに意味はあるのか

●曖昧にすることも一つの政治的な選択か

飯島――確かに「憲法的には自衛隊は憲法違反」ということを言い続け、一般市民を啓蒙すべきというのも一つの立場としてはあるかもしれません。ただ、私はそうした対応がいまの政治状況で適切であるとは考えていません。

いまの政治状況で一番重要なのは、世界中での全面的な武力行使を可能にしようとする、安倍自民党が主導する憲法改正をいかに阻止するかではないでしょうか。世界中での武力行使が可能になる憲法改正を阻止するためには、「海外派兵は認めない」という人たちとは一緒に手を携えて行動する必要があると思います。その際に「自衛隊は憲法違反であり、専守防衛も認められない」という立場を全面的に押し出しすぎると、「専守防衛は認めるが、海外派兵は認めない」という人たちとの共闘は困難になると思います。また、安倍自民党が主導する憲法改正を阻止するためには、多数の国民の支持を得る必要があります。その際に「自衛隊は憲法違反」という立場を鮮明にしすぎると、それこそ国民の支持が得られず、憲法改正賛成の見解に流れてしまう国民も少なからずいると思われます。

以上のような理由で、いまの政治状況、とりわけ憲法改正が喫緊の政治課題になる可能性が高い現在の政治状況のもとでは、自衛隊が合憲か違憲かを明確にする必要はなく、曖昧なままにしておくのも一つの有効な対応だと私は考え、行動しています。当時、「最も民主的」で「最も進歩的」と言われたワイマール憲法を持つワイマール共和国が崩壊した理由としては、緊急事態条項（48条）が悪用されたことや保守的裁判官の存在、そして市民が成熟していなかったなど、いろいろな理由が挙げられます。そのうちの一つとして、ワイマール共和国の当時の社民党と共産党が共同でナチスに対抗できなかったことも理由として挙げられます。こうした失敗を再び繰り返してはならないと思います。

また、個人的には、自衛隊は国内外の自然災害などへの対応を主たる任務とする組織に改変すべきと考えています。そのことを『平和基本法――9条で政治を変える』（高文研、2008年）という共著の本で主張したこともあります。国民の支持を得ることができない政策は長続きしないと思います。そして自衛隊を国内外の災害救助部隊に改変するという政治を実施する際にも国民の支持が必要だと思いますが、その場合にも「自衛隊は憲法違反」と言い続けるのであれば、国民の支持を得ることは難しいと思います。

清末――私も「白黒つける必要があるか」と問われたら、いまの政治状況に鑑みてその必要はないと言うでしょう。講演などで「自衛隊は違憲か」と聞かれたら、「違憲」と答えています。しかし、この局面において一番重要なことは、安倍改憲にどう共闘するかということだと思います。安倍改憲に反対する者すべてが立場を超えて共闘することが必要だと考えます。そのためには、いまは「自衛隊が違憲かどうか」という議論をするよりも、「いかにして共闘できるか」という議論をした方がいいのではないでしょうか。私は研究者としては、冒頭で述べたように9条の解釈に関して1項全面放棄・2

項全面禁止説の立場に立ちますが、運動論としては、そうした考え方を支持しない多くの人たちと「立場はどうであれ、安倍改憲に反対」という一点でつながり、改憲阻止の共闘を展開すべきと思うのです。

安倍改憲は非常に危険です。安倍首相が主導するような改憲がなされれば、日常生活が軍事化するなど、社会の在り方も大きく変わります。また、改憲は1回で済むわけもなく、一度成功すれば、その後は何度も実施されることが予想されます。

なお、安倍改憲を阻止するために、これまで私は戦場での自分の経験も踏まえて発言してきました。今後も「自衛」の名目の戦争の危険性を主張すべきだと思っています。

●自民党改憲「たたき台素案」からみる「自衛」の内実

清末――2018年3月、自民党憲法改正推進本部は「たたき台素案」をまとめました（詳しくは、『自民党改憲案にどう向きあうか』〈現代人文社、2018年〉を参照）。素案を読む限り、自民党は「自衛の措置」という文言で自衛隊を正当化しようとしています。「自衛」という名目での軍事組織や武力行使の正当化は、まさに大日本帝国を含む多くの国家が行ってきたことです。それを強く指摘すべきだと思っています。

飯島――自民党憲法改正推進本部のたたき台素案との関係でも、「『自衛』という名目の危険性を問題にすべき」という清末さんの主張はまったくその通りだと思います。憲法改正がなされれば、世界中での武力行使を法律的に認めた安保法制を憲法的に認めることになると主張されることがあります。その通りであることは間違いないのですが、ただ、たたき台素案のような改憲がなされれば、法解釈的には「安保法制を憲法上、認めるだけ」では済まないと思います。たたき台素案では、「国及び国民の安全を保つために必要な自衛の措置をとることを妨げず」とされています。安保法制めぐる議論において、安倍首相などは安保法制は「限定的な集団的自衛権を認めるだけ」といった主張をしていました。ところがたたき台素案のような憲法改正がなされれば、「『必要な自衛の措置』であれば全面的な集団的自衛権の行使が憲法上可能になる」といった見解を政府が主張しだす危険性があります。安倍首相がすすめようとする憲法改正に対抗するためにも、「自衛」という名目の危険性も訴えるべきというのはまったく同感です。

清末――安保法制が成立した際、私は自衛隊が「侵略のための軍隊になった」と言いました。安保法制では（限定的と政府が主張する）集団的自衛権の行使が認められています。1979年のソ連によるアフガニスタン軍事侵攻のように、集団的自衛権は大国による小国に対する侵略の手段として使われてきました。第二次世界大戦でも、多くの国々が「自衛」の名目で外国に侵攻しました。歴史を侮ってはいけないと思います。歴史から学ばずにいると、同じことを繰り返します。

それから自衛隊の装備に関しても、「自衛」と言いながら、現実的には「海外派兵型」の装備を持ちつつあります。「いずも」をはじめとするヘリコプター搭載護衛艦などは、海外では「空母」に分類されています。「海外派兵型」の組織に変容しつつある自衛隊は、歴代政府が採用してきた専守防衛の立場から見ても、「憲法違反」の存在になりつつあります。

4　末延さんの心情が多くの自衛官に共有されているのであれば、憲法改正反対で、自衛官との「連携」や「協力」はありうるのか

●末延さんの意図したことは何か

清末――末延さんが発言されているように、自衛官と一口に言っても、「幹部自衛官」と実際に戦場に行かされる危険性が高い「曹士自衛官」では、憲法改正に対する意

見は異なります。曹士自衛官でも憲法改正に賛成する人もいます。一方、曹士自衛官の多くは、日本の防衛のためなら命をかけるが、日本の防衛に無関係の海外での武力行使に命をかけることはできないと考えていると思います。

ただ、現実問題としては、現役の自衛官は政治的発言を禁じられています。現役自衛官が「安保法制反対」「憲法改正反対」という意見を持っていたとしても、それを表立って表明し、活動することはできないと思われます。戦争が起きれば、一番大変で危険な思いをする下っ端の自衛官があおりを食らうわけです。そうであるのに、そうした声を表に出せないところが軍事組織の秩序に基づく「しがらみ」になのです。

ですから、現役の自衛官との「連帯」や「協力」は困難だといえるでしょう。だからこそ、元自衛官の末延さんはそうした現場の自衛官の声を代弁すべきと考えたのだと思います。

●「連携」や「協力」できる可能性を探る必要性

飯島――たとえば憲法研究者でも、安保法制や憲法改正についていろいろな意見があります。菅官房長官が根拠もなしに発言したようには多くはいませんが（笑）、安保

「いずも」(2018年1月、横須賀にて、飯島撮影)

法制を「合憲」と唱える憲法研究者もいますので一枚岩ではありません。話を元に戻しますと、かつて清末さんとは『安保法制を語る！　自衛隊員・NGOからの発言』(現代人文社、2016年)という本を一緒に編集し、(元)自衛官などの声を紹介しました。私は、その本のなかでは紹介できなかった自衛官が「犬死だ」「大義名分がない」と発言していたのを直接聞いたことがあります。

北海道には多くの自衛官やその家族が住んでいますので、清末さんもそうした声を聞いたことがあるのではないでしょうか。清末さんが言うように、現役の自衛官との表立っての「連携」や「協力」は難しいと思います。しかし、末延さんのように、仲間や後輩のためを思い、実名で安保法制や憲法改正の危険性を自衛隊での体験を踏まえて批判する元自衛官とは、表立っての協力が可能だと思います。また、困難であっても、「おかしい」と思っている自衛官やその家族と何らかの形で協力できる可能性や方法を探る必要があると思います。

5 末延発言から、〈自衛官やその家族の思い〉と〈軍隊としての自衛隊の存在〉をどう区別して考えるか

●武力行使のために海外派兵されることは想定していなかったか

清末――個別の自衛官と家族の思いはさまざまなので、一つにまとめることはできませんが、少なくとも私たちは、自衛官やその家族は入隊の際に武力行使のために海外に派兵されることを想定していなかったという点を考慮すべきです。「だまされた」「そんなはずではなかった」と考える自衛官がいてもおかしくないです。想定外のことで家族もまた不安になるという現実があります。安倍自公政権や社会は、そうした自衛官やその家族、友人などの思いを正視すべきなのではないでしょうか。

私は自衛隊関係者が多数住む北海道の大学で教員をしていることもあり、教え子のなかには親が現役の自衛官や元自衛官という学生がいます。兄弟姉妹が自衛官ということもあります。そういう学生たちが家族の命にかかわる事態が生じているということから、言いしれない不安感を覚えていると実感したこともあります。安保法制が国会で審議されているときに、ある学生が定期試験で「自分の親は人を殺すのか、自分の親は殺されるのか、うちの家の生存権はどうなるんだ」といったことを書いていました。それを読んだときに、胸が引き裂かれそうな気持ちになりました。また、「兄は2人とも自衛官でしたが、辞めて良かったです」とわざわざ言いにきた学生もいました。

飯島――自衛官といえば、私はある若者を思い出します。彼は「自衛隊に就職する。自衛官は消防士とやることが変わらない」と言って、自衛隊に就職しました。この若者の発言が示すように、自衛隊に対しては、「戦闘集団」というよりも「災害救助」のための組織というイメージを持つ人が少なからずいると思います。だからこそ、国民の多くは自衛隊を支持しているのです。

また、私の勤務地の近くには、イラクに自衛隊が派兵された際の輸送基地となった小牧基地があります。そこで勤務していた夫がイラクに派遣された後に妻が精神的に調子を崩し、それが子どもに影響を及ぼしたようで学校で荒れるようになり、最後には学校に来なくなるといったことが起きたために、学校の教師は他の子どもへの影響を含めさまざまな配慮をしなければならない状況が生じました。自衛隊を海外に派兵する法律や憲法改正が議論される際には、派兵される自衛官に加えて、家族や関係者の問題も考慮する必要があるというのは、小牧の実例からしてもその通りだと思います。

清末――それから万が一、安保法制に基づいて海外に派兵された自衛官のなかから死者がでた場合、政府は「国のためによくがんばった」と言って、その死を讃えるかもしれません。学生にも話をしたことがあるのですが、失われた命はいかなることがあっても戻ってくることはありません。命を落とした自衛官は「英雄」にされるかもしれませんが、本人は亡くなっている以上、そのことすらわからないのです。そして遺族は「国のために命をかけてがんばった」と言われれば、表面的には悲しむことすらできなくなるかもしれないのです。これらの点からも、末延さんがおっしゃっているように、自衛官の生命を危険にさらし、最悪の場合、「死」という事態すらもたらしかねない「安保法制」や「憲法改正」には強い違和感を覚えます。

飯島――清末さんが言うように、万が一、安保法制に基づいて自衛官に死傷者が出た場合、安倍自公政権は「危険な場所に自衛隊を派遣したから死傷者が出た」などと反省はしないと思います。自分たちの責任逃れをするため、「憲法で全面的な武力行使が禁止されているから自衛官が犠牲になった」などと、憲法改正の必要性を声高に主張すると思います。

そして安倍首相などは「自衛官のため」と称して憲法改正を訴えていますが、都合の良いように自衛官を利用しているだけではないでしょうか。実際に末延さんは「トモダチ作戦」で「ヒバク」して体調を崩した可能性があるのですが、防衛省・自衛隊は末延さんに心ある対応をしてきませんでした。

そして遺族の意思も無視されると思います。実際に裁判となった「自衛官合祀拒否事件」では、殉職した自衛官の妻が夫を「山口県護国神社」に合祀するのを拒否したにもかかわらず、自衛隊や隊友会は遺族の意向を無視して山口県護国神社に合祀申請しました。1988年に最高裁判所は原告の妻を全面敗訴させています。

1942年6月、ミッドウェー海戦で日本が負けた時、日本が大敗したことが国民に伝わるのを恐れた権力者や軍は、生き残りの兵士たちを軟禁しました。普段は「兵士」を讃えていた政治家や軍は、都合が悪くなると手のひらを返したような対応をします。

こうした体質は今の日本でも変わっていません。安倍首相や与党自民党・公明党は「自衛隊員のため」などと言っていますが、自分たちの政治目的のために都合の良いように自衛隊員や家族を利用しているにすぎないのです。そして、自分たちに都合の悪い自衛官や家族は冷たくあしらう、こうした安倍自公政権の態度こそ、自衛官を侮辱していると思います。

●軍事組織としての自衛隊に注目を

清末――軍事組織としての自衛隊が何をすることができるのかということもきちんと考えておく必要があるのではないでしょうか。法学研究者の大きな役割の一つは「法」を解釈することにあります。もう少し言うと、法学研究者は法に何が書かれていて、それによりいかなる事態が生じうるかということを提示することが役割です。例えば、自衛隊法3条1項後段で明記されている、「必要に応じ、公共の秩序の維持に当たるものとする」という文言も、実は馬鹿にできない事態をもたらす危険性があります。この点を指摘すると、「国防・自衛を目的とする自衛隊が民衆を弾圧するはずがない」などと言って、私たち研究者を批判する人たちがいますが、それは法に対する無知と言うべきです。そのように明記されている以上、民衆弾圧のためにこうした文言がいつ使われるかわからないという危険性を社会に提示することが法学研究者の役割と言えるでしょう。

飯島――本書でも清末さんの戦場での体験が紹介されていますが、そうした戦場の経験に基づいて、自衛隊法や安保法制がどのように解釈され、実際にどのような状況をもたらす危険性があるのかを紹介しているので、清末さんの発言には説得力がありますね。

●災害救助に励む自衛官に感謝の気持ちをもつのは当然

清末――私は北海道胆振（いぶり）東部地震の被災者の一人で、昨晩（2018年9月7日）、地震直後に生じた停電からやっと解放されました。多くの市民が実際に動く自衛官の姿を目の当たりにするのは、自然災害の発生時でしょう。自衛官は献身的に被災者救助任務に携わります。正直に言うと、私は自然災害時の自衛官の救援活動に大変感謝しています。寝る間も惜しみながら活動に励む姿に頭が下がります。人の命を救うために必死に活動しているわけですから、感謝の気持ちが起きるのは当然だと思います。

救助活動をする自衛官に感謝しない人たちを「国賊だ」と批判する人たちがいます。私はこういう批判を耳にするときに思わずにはいられないのです。自然災害の被災者救助活動に励む自衛隊に感謝しようと言う一方で、感謝する相手が「殺し、殺される」危険な戦場に送られることを肯定するのは矛盾していないかと。戦場に行かされるかもしれない自衛官は、もしかしたら私の教え子の親かもしれないのです。冗談ではないと思います。

飯島――清末さんが言うように、「自衛官に感謝する」と言うのであれば、自衛隊を海外での武力行使に参加させることを法的に可能にする安保法制や、安倍首相が主張するような憲法改正にはけっして賛成できないはずです。末延さんが「自衛官の命はあなたたちのオモチャではない」と安倍自公政権などを批判していたのは当然だと思います。

●被災者救助に励む自衛隊に感謝するのであれば、自衛官が死なない状況を作り出す努力を

清末――軍事組織の一員として行動するときに自衛官は、「国」を背負わされることになります。その際に「国を守るため」と称して、強い武力が用いられることがあることを考えておかなければなりません。また、自衛隊は他国の多くの軍事組織同様に、上からの指揮に基づいて動く組織です。命を落としかねない命令が出されたとしても、それに背くことは基本的にできません。自らの命だけでなく、一緒に行動していた仲間が命を落とすかもしれないなど、戦場への派兵には壮絶な苦しみや痛みがともなうことになるでしょう。

自然災害時の被災者救助に励む自衛隊に本当に感謝するのであれば、自衛官が死なない状況を作り出す努力をすべきです。「自衛隊に感謝すべき」「自衛隊に反対する人たちはおかしい」と言いながら、自衛隊を海外の戦場に送り出すことを可能にする安保法制や憲法改正に賛成する人たちの行動に対してこそ、「おかしい」と言いたいですね。海外の戦場に派兵される自衛隊に対して「がんばれ」と言うことは、「命を落とすかもしれないが、戦場でがんばって戦え」「がんばった結果、命を落としたら、それは仕方がない」と言うことに等しいのです。なぜゆえに、こんな残酷なことを主張できるのでしょうか。人の命であることを忘れていないでしょうか。末延さんが海外派兵を可能にする安保法制や、安倍首相が主張する憲法改正に反対してきたのは、まさにこの点だと思います。

●戦争遂行のための手段になる緊急事態条項

清末――それから北海道胆振東部地震に関連して言いたいことは、自民党が改憲4項目の一つとして挙げている「緊急事態条項」（国家緊急権）の導入についてです。はっきり言って、緊急事態条項は必要ありません。むしろその導入は自然災害対応に対してかえって害になります。被災者救助の現場の状況は、時間ごとに変わるものです。今回の地震での被災を通して、改憲により政府が自然災害対策として政令を制定できるようになれば、現状に合わない政令がつくられる危険性があり、助かる命も助からないことになると実感しました。

安倍首相は震災から3日目の9月9日に、自衛隊のヘリコプターで被災地の「視察」をしました。現場で自衛隊や警察その他自治体職員などによる懸命の救助活動が展開されているときです。首相の「視察」が行われるとなると、自治体職員はそのための段取りをしなければならなくなります。救助活動に追われ、まさにフル回転で動くことが求められる自治体職員にとって、そうした段取りは余計な仕事です。現場に負担を与える首相の行為に対し、わたしの友人の北海道の元自治体職員ははっきりと「ああいうのが一番困るんだよ」と批判していました。単純にはた迷惑という話ではすまされません。自治体職員や自衛隊が救助に使う時間や力が削がれることになるため、人命に影響が出かねない深刻な問題です。それが一番困ることなのです。この例から考えてみても、自然災害のような緊急時に政令を制定できるような条文が憲法に盛り込まれると、現場の状況やニーズを無視した政令が制定される可能性が生じ、かえって現場を混乱させる原因になるでしょう。とても危険です。

むしろ被災地の住民が一番必要としているのは、住民の救助のために的確に動く市民目線の首長やその下でしっかりとがんばってくれる職員です。自衛隊にとってみても、現場を理解していない政府からの指示ではなく、現地のことを一番知っている自治体職員や市民から的確な情報をもらいながら救助活動にあたる方が、適切に対応できると思います。

飯島――いま韓国では、朴大統領に対する反対集会などへの弾圧のため、2017年3月に「戒厳令」が検討されたことが問題となっています。以前、一緒に編集した『自民党改憲案にどう向き合うか』（現代人文社、2018年）に掲載したインタビューのなかで、沖縄平和運動センター議長の山城博治さんも言及されていましたが、緊急事態条項は戦争遂行の手段となると同時に、反政府的な言動を弾圧するための手段として悪用される危険性があります。現実に韓国で検討されていた「戒厳令」の事例も、「緊急事態条項」が反政府的言動を弾圧する手段となることを再び証明するものになっていると思います。

海外派兵を可能にする憲法改正が目指されるときには、戦争遂行のための手段として緊急事態条項に関する議論が同時になされる可能性があります。「戦争できる国づくり」に反対するのであれば、緊急事態条項にも反対する必要があります。

清末――まったく同感です。緊急事態条項の導入と自衛隊の憲法明記は密接に結びついていると思います。連動するこれらの項目の動向をしっかりと見据えておかなければなりませんね。本日は誠にありがとうございました。

（2018年9月8日　対談）

【特別寄稿】

パワハラ、いじめ、自殺にみる自衛官の思い

今川正美　元衆議院議員

はじめに

「安保関連法制」制定から3年。安倍政権は2017年5月、「日報問題」を未解決のまま南スーダンから陸上自衛隊を撤収させて、新たな派遣先探しに苦慮している様子です。

一方、海上自衛隊は南シナ海で米・フィリピン海軍と共同訓練を行い、訓練相手も英国や豪州、インドの各軍へと拡大していますが、国連指揮下のPKO部隊とは異なりいわゆる〝多国籍軍〟を想定した部隊訓練で、「PKO参加5原則」など全く無視されています。

ますます、このように〝戦争のできる軍隊〟への道を歩んでいる自衛隊ですが、それと同時に、自衛隊内でのいじめやパワハラなど人権侵害が増えています。

末延隆成さんも、自衛隊内で、からだの不調を訴えたのに適切な医療を受けさせてもらえなかったことを述べています。

そこで、自衛隊内でのいじめやパワハラ、それによる自殺についての実態と、それらに対して起こされた裁判に触れたいと思います。

1　自衛隊内の「人権侵害」とその原点

(1)　いじめ、自殺に対する「自衛官人権侵害裁判」

ところで、安保法制のもと「集団的自衛権の行使」を前提とした領域へ踏み込みつつある自衛隊ですが、部隊内部の状況は果たしてどうなっているのでしょうか。

私はこの20年ほど、自衛官の人権問題に関心を持って「自衛官人権侵害裁判」に取り組んできました。

佐世保所属の護衛艦「さわぎり」に係る「人権侵害裁判」が始まったのは2001年

5月でした。乗員A（3曹）さんは、上司から長期間にわたって意図的ないじめ、非人道的な命令を受けて精神的に追い詰められ、自殺に追い込まれました。

これまで同様の事件で遺族は泣き寝入りしてきたなかで、本件では両親が本人の名誉回復にとどまらず自衛隊内活動の透明化と隊員の人権保障を求める訴訟に立ち上がりました。

長崎地裁佐世保支部で、国（防衛省）はいじめを否定し、「自分の能力不足を苦にしての自殺」と決めつけました。佐世保支部は「ある程度の厳しい指導・教育にさらされることはやむを得ない」として請求を棄却。両親は控訴して2008年5月、福岡高裁は「隊員はうつ病で自殺。その原因は、上司の屈辱的な言動によるストレスであった」として、国に損害賠償金の支払いを命じました。事件から9年目です。

全く同様の事件が横須賀配備の護衛艦「たちかぜ」でも起きました。乗員B（1士）さんは、上司から殴る蹴るの暴行や恐喝を受け、「サバイバルゲーム」と称して至近距離からエアガンを発射されるなど日常的ないじめを受けていました。結局、上司への恨みを綴った遺書を残して、電車に飛び込んで自殺しました。

2006年4月、両親は国と元上司を相手取り横浜地裁に提訴。横浜地裁の判決ではいじめと自殺の因果関係を認めつつも、「（Bさんの）自殺までは予見できなかった」と賠償は認めませんでした。

東京高裁では、海自は実施したいじめに関するアンケート調査の結果を「破棄した」と言っていましたが、国側証人の現役自衛官（現役3佐）が「隠されている」と告発しました。判決では、自殺の原因が上司の暴行・恐喝であり、上司らが適切に対処すれば自殺は回避できた、として国側に賠償命令を下しました（2014年4月）。

この他これまでに、航空自衛隊「浜松基地」（自殺。2005年）、陸上自衛隊・真駒内の「命の雫裁判」（格闘訓練中に死亡。2006年）、陸上自衛隊「朝霞駐屯地」（自殺。2007年）、陸上自衛隊・北海道（セクハラ。2007年）、海上自衛隊・江田島（格闘訓練中に死亡。2008年）をはじめとして、全国の駐屯地で約20件（2016年現在）もの「人権侵害裁判」が相次いでいます。

現在、注目すべき裁判は防衛大学校における「人権侵害」です。原告Cさんは2003年に入学し、学生寮に入寮。まもなく上級生らから「指導」と称して殴る蹴るの暴行を受けたり、顔写真を遺影のように加工して「LINE」で流されるなど精神的ダメージを被り、体調を崩して退学を余儀なくされました（2015年3月）。

Cさんは、上級生らの「人権侵害行為」と防衛大の「安全配慮義務」違反を問うて福岡地裁に提訴し、現在、係争中です。

防衛大学校は、〝エリート自衛官〟を育成する学校であり競争率も高いですが、毎年、入校式を前に約80人〜100人（入校生の2割強）が辞めるといいます。防衛省はそれを織り込み済みとのことで、有能な将来性のある若者を切り捨てるに等しく酷い話です。

(2) 横行している暴力的「指導・制裁」の原点とは？

現在、スポーツ界では「パワハラ」が蔓延し社会問題になっています。自衛隊も含めてこうした暴力的「指導・制裁」が横行しているその原点は何でしょうか。

片山杜秀氏（政治学者）の論考「体罰・近代日本の遺物――「持たざる国」補う軍隊の精神論」（朝日新聞2013年2月19日）を見てみます。

――敗戦時の首相で海軍軍人だった鈴木貫太郎の自伝によると、「日清戦争前の海軍兵学校はそうした暴力とは無縁だった」といいます。転機は日露戦争。元陸軍大将・河辺正三の著作『日本陸軍精神教育史考』によると、超大国ロシアに『持たざる国』の日本が張り合えるのか。……新規徴兵の練度が低い。弾もすくない。戦闘精神も上官への服従心も不足。敵は西洋人。体格がいい。……苦心惨憺の末、何とか負けずに済んだ」。だが、「仮想敵国は西洋列強ばかり。……日本は人口も武器弾薬も工業生産力も足りない。結局、期待されたのは精神力だ。戦時に動員されうる国民みなに、日頃から大和魂という下駄を履かせる。やる気を示さぬ者には体罰を加える。痛いのがいやだから必死になる。……動物のしつけと同じ」。

「もちろん軍隊教育だけではない。大正末期からは一般学校に広く軍事教練が課された。過激なしごきは太平洋戦争中の国民学校の時代に頂点をきわめた」。

戦後、日本から軍隊は消えた。しかし暴力的指導の伝統はどうやら残存した。「持たざる国」の劣位や日本人の体力不足は気力で補うしかない。日本人は西洋人に個人の迫力では劣っても、集団でよく統率されれば勝てる。そういう話は暴力的な熱血指導と相性がよい。

私が衆議院議員の時、「地獄の特訓へご招待」という動画（ＶＨＳ）を見る機会がありました。自衛隊の「レンジャー部隊」育成の特訓の画像です。国内のジャングルに１カ月間ほど自衛隊員を投入、持ち物はサバイバルナイフと水筒のみ。食べ物はヘビやカエルなどです。途中で脱落者も多く、無事に帰還した隊員は号泣していました。

私はさっそく防衛庁（現・防衛省）の人事教育局に「ヘビ、カエルがいなかったら餓死するのではないか？」と尋ねてみました。同局長が答えた、「大丈夫です。養殖ヘビ・カエルを訓練コースの周りに撒いておくのです」。思わずふき出してしまいました（現在、「レンジャー部隊・サバイバル訓練」で検索すると関連ＤＶＤが掲載されています）。

今スポットを浴びている「水陸機動団」（佐世保・相浦駐屯地）の前身である「西部方面普通科連隊」（略称：西普連）は〝ゲリ・コマ部隊〟とも呼ばれる精鋭部隊で、２００２年創設。その年に３人の隊員が自殺しました。私は東門美津子衆議院議員と共に調査に入りました。地元の記者たちの間では「過酷な訓練としごきが原因ではないか？」との噂でしたが、残念ながら検証未遂に終わりました。

冷戦後、仮想敵国ソ連が消失したこの時期、すでに自衛隊は「専守防衛」を越えて米軍と共に海外での武力行使を想定した過酷な訓練に着手していたようです。ついて行けない隊員が出ても不思議ではありません。

では、昔の兵士や現在の隊員たちの〝反抗〟はなかったのでしょうか？

丸谷才一氏（文芸評論家）による『袖のボタン』（朝日新聞コラム。２００６年2月7日付）で、護衛艦「たちかぜ」での自殺事件に関連した論評があるので見ておきましょう。

――日本海軍はみずから爆沈した軍艦が5隻（戦艦「三笠」、同「河内」、同「陸奥」、海防艦「松島」、巡洋艦「筑波」。半藤一利氏提供）もあって、世界有数なのだ。

そして、「三笠」（佐世保港で艦内火薬庫での宴会で火災沈没）を除く4隻の爆沈の原因は不明。中井久夫氏によると、「日本の艦はよく爆沈するが、少なくとも半数は制裁のひどさに対する水兵の道連れ自殺という噂が絶えない」（『関与と観察』みすず書房）。

「旧日本軍は私的制裁がひどかったし、上官への絶対服従が掟とされていた。リンチは教育の手段として黙認されていたが、実は徴兵制度によって強制的に自由を剥奪されている者が、鬱憤を晴らすためのサディズムであった」（陸軍の場合は、野間宏の小説『真空地帯』、浜田知明の連作版画『初年兵哀歌』が実態を描いたものとして有名。紙数の関係で省くが、旧軍の「自殺」や極端な精神主義の犠牲者など『日本軍兵士』（吉田裕著、中公新書）に詳しく紹介されています）。

自衛官の自殺者数は増加の傾向にあります（毎日新聞2005年5月19日付）。脱営逃亡者の統計は、かなりの数にちがいないですし、この種の破局に至らないリンチは数え切れないほどでしょう。2017年度まで10年間の自衛官の自殺者数は別掲グラフ（次頁）に示しました。自殺の理由のうち不明・その他など約半数はいじめなどによると推

自衛隊員の自殺数

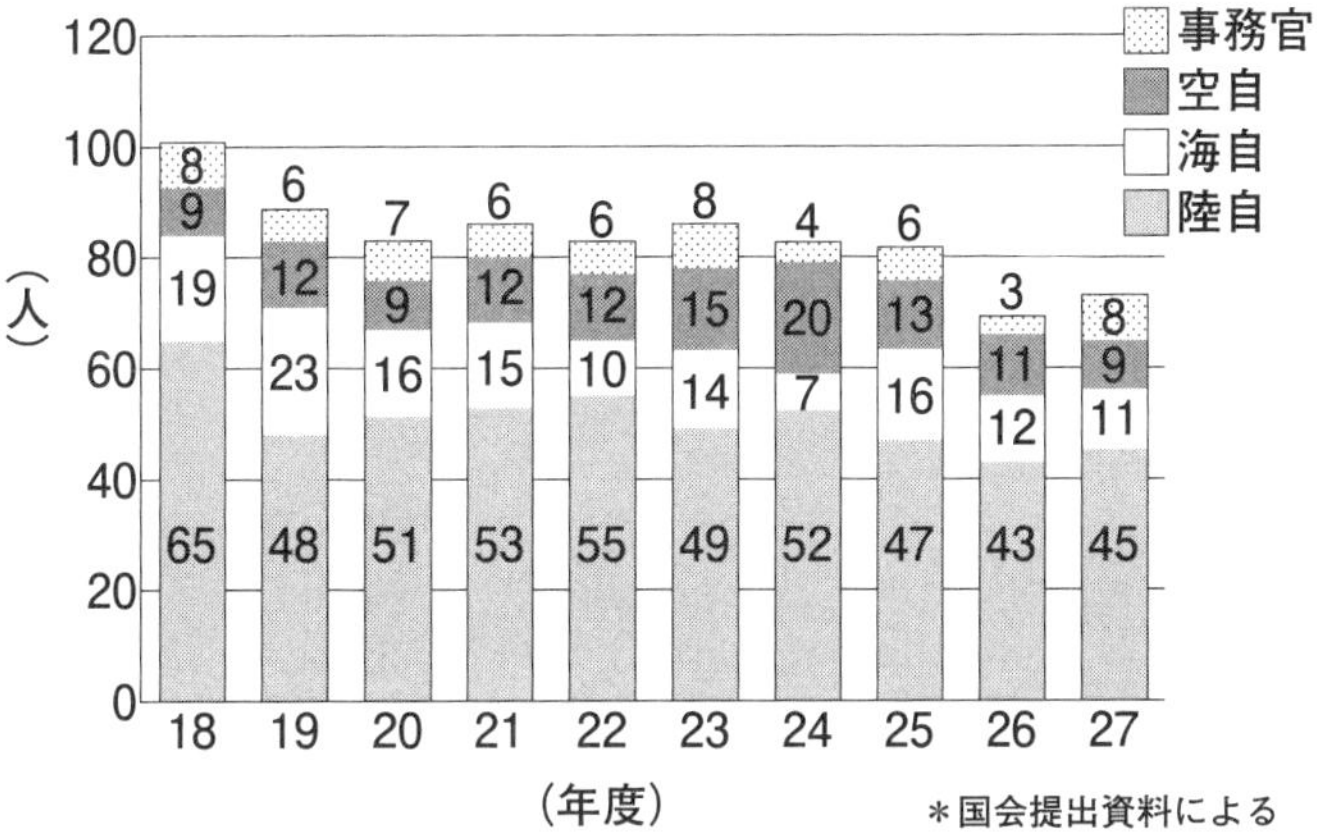

＊国会提出資料による

定されます。

実は２００２年、護衛艦「うみぎり」でも３度にわたって「火災事故」が起きています。阿部知子・社民党衆議院議員（現・立憲民主党）と私は同艦の調査に入りました。乗員が上司の暴行に対して士官寝室トイレに放火。犯人の海士長と３尉が「上司のいじめに対するうっぷん晴らしでやった」と供述していることが分かりました。同様の事例は他の艦でも多いようです。

こうした自衛官の人権について、自民党など保守系の有力政治家たちはどう考えているのでしょうか。小泉政権下で自民党幹事長を務め〝国防族〟で知られた山崎拓氏は、自衛官を

「人的資源」と呼び、人間として認識していません。また、防衛大臣を務めた石破茂氏は私に対して「自衛官に人権教育などしたら、いざという時に敵を殺せなくなる」と真顔で言ったものです。

2　海外派兵される自衛官と家族の思い

(1)　湾岸戦争終結後のペルシャ湾派遣

ところで、自衛隊の海外派兵（ＰＫＯ派遣は除く）は、１９９１年、湾岸戦争終結後のペルシャ湾に掃海艇を派遣しての機雷掃海活動が始まりです。大義名分は「国際貢献」でした。

「掃海派遣部隊」を編成して、掃海母艦、輸送艦、掃海艇4隻を派遣、佐世保所属の掃海艇も派遣されました。掃海艇は元々日本沿岸で活動する小型艇で、日本から1万キロ以上も離れた所での活動は想定しておらず、ずいぶん乱暴極まる派遣でした。

夫が掃海艇で派遣されたその妻たちからは、「社会党などがしっかりしていないから、夫が危ない所に派遣されたとよ」と恨まれたものです。

海賊、周囲の警戒にあたる隊員（オマーン沖のアデン海 2009 年６月６日）写真提供：時事通信

護衛艦乗員の夫をもつ私の友人・Mさん（元・市営バス車掌）は、「護衛艦も派遣されるかも知れない。社会党や労働組合が派遣にしっかり反対して欲しい」と懇願したものです。

「9・11米国同時テロ事件」をきっかけにして、米国はアフガニスタン戦争とイラク戦争に突入。いち早く米国支持を表明した小泉政権は2001年、インド洋へ護衛艦や補給艦を派遣し、自衛隊史上初の〝戦場派兵〟となりました。名目は「テロとの戦い」です。

(2) 陸上自衛隊をイラク、航空自衛隊をクウェートへ派遣

引き続き2005年、陸上自衛隊をイラクのサマワへ、航空自衛隊をクウェートへ派兵しました。本格的な〝戦場派兵〟ではないかと、国会などで大議論となりました。私も、イラク特別委員会で「非戦闘地域とは一体どこか？」と質問しましたが、小泉首相（当時）は「自衛隊の派遣される所が非戦闘地域だ」とまるで人をくったような答弁でした。

(3) 自衛隊OBによる安保法案反対活動

一方、「安保法案」が国会審議されている頃、自衛隊OBの同法案に反対する声が上がっていました。佐世保市小佐々町の元海上自衛官・西川末則さんもその一人です。2016年1月、私は名古屋学院大学の飯島滋明教授と共に西川氏の自宅を訪ねました。西川氏は熱っぽく語ってくれました。「佐世保のラーメン店（草木ケ原は、繁華街で飲んで後に立ち寄る有名なラーメン店）では、若い自衛官が『船に帰りとうなか』とか『辞めたか』と言っているそうです」。また、「安保法案を公然と批判する私に対し、自衛官から『よく言ってくれた』『お前の言うことに賛成だよ』とメールをもらうこともあります。これが自衛官の本音です」。

「政治的活動を禁じられている現役自衛官はもちろん、OBも声をあげません。自衛隊と関係する所へ再就職するからです」。「安倍自公政権は、現場の自衛官や元自衛官の気持ちは全く分かっていないですよ。だから私が代弁しているのです」。

「私は36年間、海上自衛隊で勤務しました。国を守るためには命を懸けていました。しかし、今度の安保法制は違うのです。自衛官が海外に行って、よその国で戦うわけですよ。犠牲者は必ず出ます。安倍さんは交戦になったら撤退させると言っていますが、そんなことはできませんよ。世界各国から批判されますよ」。

「安保法制が制定されて、自衛隊への入り手が少なくなっています。そうすると、災害派遣ができない状態になってきます。そうなってからでは遅いのです」。

西川氏は、自動車販売店を経営する傍らドローンを使って長崎県内の風景を撮影するなど、多彩な才能の持ち主です。フェイスブックなどを通して、「安保法制に反対」「憲法九条を守れ」というメッセージを発信し続けています。

こうした声は経済団体の中にも少数ながらあります。

経済同友会の終身幹事を務めた故・品川正治氏は言います。「私は兵士として中国戦線に送られ、もう最後という窮地に何度も立たされた。本当の戦争を知っている人間は

『平和主義は卑怯』などと威勢のいい言葉は口にできない」。「旧軍人であっても参謀や高級将校は、前線から遠く離れた場所にいて戦闘どころか、市民を苦しめた空襲も食糧難も知らない人が多い」。

前伊藤忠商事会長の丹羽宇一郎氏は語ります。「安保法の成立で各地で違憲訴訟が続発して混乱するのではないか。政治に波風が立つことは、経済界としてもやりにくくなり喜ぶべきことではない。誰が見ても戦争に近づく法律で、個人的にも反対だ」。

3 「軍事オンブズマン制度」について

日本を戦争できる国にする「安保法制」を廃止するには、結局、〝政権交代〟する以外に方法はなく、それまでは「安保法制反対」の世論を広げていくことが必要です。

一方、これまで述べてきた自衛官のいじめ・人権侵害に対処するには、「軍事オンブズマン制度」を早急に導入することが必要だと思います。

民主国家の多くは、軍隊に対する監視制度と兵士の人権保障手続を定めています。兵士の不満や異論を議会がチェックすることで、軍の統制を図るのが目的です。軍事オンブズマン国際会議も、２００９年以来毎年開かれています。

日本でも同制度を創設して、自衛隊の透明性を高め自衛官の人権侵害を防止すると同時に防衛省の不正事件を摘発するなど、国会による統制（シビリアンコントロール）を強めることが必要です。

◎執筆者プロフィール

今川正美（いまがわ・まさみ）　１９４７年、長崎県佐世保市生まれ。佐世保北高等学校卒業（66年）、佐賀大学農学部農学科中退（68年）、佐世保地区労書記（68年）、佐世保地区労事務局長（94年）。衆議院議員（２０００年・１期、社会民主党）。長崎県地方自治研究センター事務局長。主な著作に、ブックレット「自衛隊が戦争に行く——テロ新法と私の国際平和論」（自治創造研究会、２００２年）、ブックレット「通すな！有事法制」（自治創造研究会、２００３年）、レポート「シリーズ・戦争と平和を考える」（13回、自治労長崎県職員組合発行の月刊誌『長崎消息』（２０１３年））。

2007年	国民投票法（改憲手続法）成立 憲法審査会設置（衆参両院）
2008年	補給支援特別措置法成立
2009年	海賊対処法成立
2012年	自民党憲法改正推進本部「日本国憲法改正草案」発表 第二次安倍内閣成立
2013年	特定秘密保護法成立 「国家安全保障戦略」策定により「積極的平和主義」が安全保障政策の基本方針に
2014年	集団的自衛権の限定行使を容認する閣議決定
2015年	第三次日米ガイドライン策定 安全保障関連法成立
2016年	参議院選挙により衆参両院の改憲勢力が 3 分の 2 を超える
2017年	安倍晋三首相が改憲 4 項目を発表 改定組織的犯罪処罰法（共謀罪）成立 自民党が衆議院選挙の公約に改憲 4 項目を提示 衆議院選挙でも衆参両院の改憲勢力 3 分の 2 が維持される
2018年	自民党憲法改正推進本部が改憲 4 項目の条文素案をまとめる 自民党の党大会で 2018 年度運動方針に改憲が示される 自民党総裁選で安倍晋三氏が再選 自民党が全国の衆院小選挙区すべてに同党の憲法改正推進本部を設置する方針を発表 臨時国会中に衆参両院の憲法審査会へ自民党の改憲案が提示される可能性が高まる

作成：清末愛砂

改憲をめぐる動き一覧

1947年	日本国憲法施行
1950年	朝鮮戦争、警察予備隊の設置
1951年	サンフランシスコ講和条約締結（沖縄等は米国の施政権下） 旧日米安保条約締結
1952年	日米行政協定締結 警察予備隊が保安隊に改組
1954年	防衛２法（自衛隊法、防衛庁設置法）成立 保安隊の再改組による自衛隊の設置
1960年	新日米安保条約・在日米軍の地位に関する日米協定締結
1972年	沖縄返還
1978年	第一次日米ガイドライン（日米防衛協力のための指針）策定
1992年	PKO（国連平和維持活動）協力法成立
1994年	読売新聞「憲法改正試案」発表
1997年	第二次日米ガイドライン策定
1999年	周辺事態法等のガイドライン関連法成立（船舶検査法は 2000 年）
2000年	憲法調査会設置（衆参両院）
2001年	テロ対策特別措置法成立
2003年	武力攻撃事態法等の有事関連３法成立 イラク特別措置法成立
2004年	自民党政務調査会・憲法調査会憲法改正プロジェクトチーム「論点整理」発表 国民保護法等の有事７法成立
2005年	自民党「新憲法草案」発表
2006年	第一次安倍内閣成立、改定教育基本法成立

◎おわりに

末延隆成さんは1980年から2015年までの約33年（除隊していた2年間を除く）、陸上自衛官を務めてこられました。その間、6か所の駐屯地に配属され、主には機甲科や戦車大隊に所属してきたことから戦車乗りのエキスパートとなりました。また、途中で保安警務隊員も務めたことから、そこが有事の際にいかなる任務を担う部署であるかということを知り得たのです。その内容は本書で紹介されている通りです（本書17頁）。末延さんによると、陸上自衛隊関係者のなかでも保安警務隊の有事の職務を認識しているのは、保安警務隊配属経験者等の少数の者に限られるとのことです。末延さんのそうした経験やそれに基づく安保法制または改憲に関する考え方を読まれて、皆さんはどのような感想を持たれたでしょうか。

正直なところ、本書をまとめた飯島滋明氏と私は末延さんから保安警務隊の職務内容を初めて聞かされたとき、非常に大きな衝撃を受けました。非正規な訓練とはいえ、旧日本軍のノウハウを生かす形で、ジュネーブ第3条約に明らかに抵触する捕虜への残虐な取扱いの訓練が行われていたからです。それらは私たちの想像をはるかに超えるものでした。この本を手に取られた皆さまのなかにも、私たちと同様の感想を持たれた方もいるでしょう。

1954年に自衛隊が創設されてからすでに60年以上もの月日が経ちました。自衛隊の憲法明記を求める自民党は、自然災害の被災者救援に真摯に励む自衛官の姿などを称えながら、〈命をかけて〉がんばってきた自衛隊の憲法明記が必要だと訴えてきました。国民のなかにも、自衛隊といえば被災者救援のイメージを強く持っている人々が多数いるでしょう。

しかし、自らの経験から自衛隊の実態の一端を描いた末延さんの発言からは、被災者救援のためにがんばる自衛隊とは別の本来の軍事組織としての自衛隊の姿を読み取ることができます。また、安保法制により海外での武力行使が可能となった自衛隊が実際に派兵されたときに、血を流すのは自衛官——特に曹士自衛官——であり、そのために本人のみならず、その家族や友人などが涙を流さなければならない悲しい状況が起きうることも理解できるでしょう。自衛隊の憲法明記とは、こうした実態を持つ自衛隊を憲法上の公的な存在として認めることを意味するものです。また、安保法制に基づく自衛隊の海外派兵をやりやすくさせるものです。現実に存在する自衛隊を単純に追認するようなものではありません。

私は自衛隊の関連施設が集中している北海道の大学で憲法学を教える研究者です。私のこれまでの教え子の親きょうだいのなかには現役の自衛官や元自衛官がいます。こうした教え子たちの家族が犠牲になることは耐え難いほどつらいことです。そうであるからこそ、また本書で紹介したように戦場のリアリティを知っているからこそ、自衛隊が戦場に派兵されることをなんとしても回避したいと考えています。

＊

本書を手にされた方々にお願いがあります。末延さんの発言をできるだけ多くの方々に知ってもらえるように、家族や友人、知人に伝えてください。末延さんが強く懸念されてこられたように、自衛官の血やその家族の涙が流れないようにするためです。

末筆となりますが、本書の出版と編集作業を快くお引き受けくださった現代人文社の成澤壽信さん、本書の各所に入れたイラストを描いてくださった画家の千光一さんに心から御礼申し上げます。また、ここではお名前をすべて列挙することはできませんが、本書の編集にあたり、多数の方々から資料の提供を含むさまざまなご支援と励ましをいただきました。この場を借りて、感謝の意を表します。

清末愛砂

２０１８年11月８日
イスラエル占領下のパレスチナに向けて出発する朝に

編著者プロフィール（執筆順）

末延隆成（すえのぶ・たかなり）

1962年茨城県ひたちなか市生まれ。1980年、高校卒業とともに陸上自衛隊に入隊（18歳）。市ヶ谷駐屯地32普通科連隊（東京都）、富士駐屯地の特科教導隊（静岡県）を経て、1984年３月に除隊（退官）。1986年１月に陸上自衛隊に再入隊。再入隊後は武山駐屯地（神奈川県）で３か月間教育を受け、駒門駐屯地（静岡県）に移動。機甲科に所属し、３か月間戦車乗りになる訓練を受ける。相馬原駐屯地（群馬県）に移動。第12師団（現在の第12旅団）第12戦車大隊に所属している途中、同師団の保安警務隊にスカウトされる（相馬原駐屯地内）。保安警務隊員を務める。1992年、鹿追駐屯地（北海道）に移動。第５旅団第５戦車大隊に所属（2015年まで）。2015年１月退官（二等陸曹／第５旅団第５戦車大隊弾薬補給陸曹）。2015年７月、「わたしたちは戦わない！大集会＆パレード in 北海道」（札幌弁護士会主催）で元自衛官として安保法制反対のスピーチを行う。それ以後、安保法制反対の抗議行動や集会に元自衛官としてスピーチなどを行ってきたことから、メディア関係者や平和運動関係者にその名が知られる。2016年秋以降、帯広駐屯地前で自衛隊の南スーダンからの撤退を求める訴えを行う。2018年４月、安保法制違憲道東訴訟の原告となる。同原告団共同代表を務める。

飯島滋明（いいじま・しげあき）

名古屋学院大学経済学部教授。1969年生まれ。専門は、憲法学、平和学、医事法。主な著作に、『Q&Aで読む日本軍事入門』（共編著、吉川弘文館、2013年）、『すぐにわかる集団的自衛権ってなに？』（共著、七つ森書館、2014年）、『憲法未来予想図』（共著、現代人文社、2014年）、『これでいいのか！日本の民主主義――失言・名言から読み解く憲法』（共編著、同社、2016年）、『安保法制を語る！自衛隊員・NGOからの発言』（共編著、同社、2016年）、『緊急事態条項で暮らし・社会はどうなるか』（共編著、同社、2017年）、『自民党改憲案にどう向きあうか』（共編著、同社、20178年）などがある。

清末愛砂（きよすえ・あいさ）

室蘭工業大学大学院工学研究科准教授。1972年生まれ。専門は、憲法学、家族法。主な著作に、『北海道で生きるということ――過去・現在・未来』（共編著、法律文化社、2016年）、『これでいいのか！日本の民主主義――失言・名言から読み解く憲法』（共著、現代人文社、2016年）、『安保法制を語る！自衛隊員・NGOからの発言』（共編著、同社、2016年）、『緊急事態条項で暮らし・社会はどうなるか』（共編著、同社、2017年）、『自民党改憲案にどう向きあうか』（共編著、同社、2018年）『国会を、取り戻そう――議会制民主主義の明日のために』（共編著、同社、2018年）、『右派はなぜ家族に介入したがるのか――憲法24条と９条』（共著、大月書店、2018年）などがある。

自衛隊の存在をどう受けとめるか
元陸上自衛官の思いから憲法を考える

2018年11月28日　第1版第1刷発行

編著者……末延隆成・飯島滋明・清末愛砂
発行人……成澤壽信
発行所……株式会社現代人文社
〒160-0004　東京都新宿区四谷2-10 八ッ橋ビル7階
振替　00130-3-52366
電話　03-5379-0307（代表）　FAX　03-5379-5388
E-Mail　henshu@genjin.jp（代表）／hanbai@genjin.jp（販売）
Web　http://www.genjin.jp
発売所……株式会社大学図書
ブックデザイン……Malpu Design（高橋奈々）
印刷所……株式会社ミツワ
表紙・本文装画……千光一

検印省略　PRINTED IN JAPAN　ISBN978-4-87798-714-5　C0036